Los rostros que tengo

Nélida Piñon

Los rostros que tengo

Traducción de Roser Vilagrassa

ALFAGUARA

Papel certificado por el Forest Stewardship Council®

MIXTO
Papel | Apoyando la silvicultura responsable
FSC® C117695

Penguin Random House Grupo Editorial

Título original: *Os rostos que tenho*
Primera edición en castellano: noviembre de 2024

Printed in Spain – Impreso en España

ISBN: 978-84-204-7630-8
Depósito legal: B-16068-2024

Compuesto en Arca Edinet, S. L.
Impreso en Unigraf, Móstoles (Madrid)

AL76308

A mi querida Pilara Cuiñas Piñon

A Dalma Nascimento, que dedicó su vida a buscar el enigma que bendice y maldice la obra de arte. La maestra que recorrió mis líneas secretas

Índice

Prefacio
Rodrigo Lacerda

«En medio del torbellino, escruto la raíz poética del texto. La carne verbal que define al prójimo, que es una réplica de mí. En un intento de familiarizarme con los fundamentos del mundo». Así define Nélida Piñon en *Los rostros que tengo* su relación con la literatura. Es difícil encontrar una formulación más completa y sintética en la obra de cualquier gran artista.

Nélida publicó su última novela, *Un día llegaré a Sagres*, en 2020. Tenía entonces ochenta y tres años. Durante los dos años siguientes, sostuvo una intensa actividad, como de costumbre, hasta el 17 de diciembre de 2022, fecha en la que falleció, a los ochenta y cinco. Asistió a presentaciones de ediciones extranjeras de sus obras y a entregas de premios de su nuevo libro; asimismo, estuvo presente en los lanzamientos de las obras de sus compañeros, dio conferencias por todo el mundo, participó en congresos y fue jurado de importantes galardones literarios, y participó en las ceremonias de la Academia Brasileña de las Letras. Y, por supuesto, concedió entrevistas, muchas entrevistas. E incluso, pese a estar tan solicitada, todavía encontró tiempo para pensar en aquello que prevalecería a su muerte. «Entendí desde niña que tenía que dejar mi huella. Es fundamental para la existencia en sí misma, para el arte en sí mismo, para lo que una es», decía.*

---

* *O Globo*, 17 de diciembre de 2022. Disponible en: <https://oglobo.globo.com/cultura/livros/noticia/2022/12/em-2021-nelida-pinon-doou-8-mil-livros-ao-instituto-cervantes-do-rio-preciso-deixar-rastros-disse.ghtml>. Acceso en junio de 2023. *(N. de la t.).*

Por una parte, se propuso conservar su memoria material. Para ello, el primer paso fue organizar su biblioteca y su inmenso acervo de fotografías, de documentos, de cartas y de originales manuscritos y mecanografiados. En noviembre de 2021, esta labor concluyó con la entrega oficial de un conjunto de documentos al Instituto Cervantes de Madrid, con el objeto de conservarlos en la llamada Caja de las Letras. Semejante honor, reservado a los máximos exponentes de la cultura hispánica, ha permitido que una pequeña parte de su memoria esté ahora protegida en una auténtica caja fuerte ubicada en la sede de la institución, un edificio que otrora albergó el Banco Central. Por último, en junio del año siguiente, pocos meses antes de fallecer, Nélida inauguró la Biblioteca Nélida Piñon en el Instituto Cervantes de Río de Janeiro. Esta aloja unos ocho mil volúmenes, la mayoría de literatura hispánica, hispanoamericana y brasileña.

Por otra parte, Nélida se ocupó de preparar su testamento literario, *Los rostros que tengo*. Mientras escribía su última novela, tomaba notas y hacía breves grabaciones sobre temas que quería abordar en el futuro. En cuanto *Un día llegaré a Sagres* se publicó, Nélida comenzó a reunir y a ultimar material ya esbozado, de manera que produjo un buen volumen de textos nuevos que complementaban el conjunto de su obra, y que además le permitían crear una secuencia libre y coherente a la vez. En octubre de 2022, todavía bajo el título provisional de *Andanças de Nélida*, el libro estaba listo, con un total de 147 capítulos. Tras un rápido intercambio de ideas con la editorial, que sugirió alternativas para el título, extraídas del propio texto, se decidió por *Los rostros que tengo*, que da nombre al capítulo 46.

En cierta medida, la composición fragmentaria de *Los rostros que tengo* guarda semejanza con el formato de un diario. De este modo, la fluidez de la lectura no se debe a la estructura del texto, ni a una concatenación lineal de los temas abordados, sino a la costura invisible que une los fragmentos. Dicha costura surge a partir de algo que va más allá de la estructura y que atraviesa el conjunto, y es la subjetividad de quien escribe su propia biografía. Pero en este caso, al contrario de lo que acostumbra a suceder en un diario, el texto no se pierde en ningún momento en un tratamiento superficial de los recuerdos, de las personas y de los hechos que se mencionan. Nélida no tenía tiempo que perder, pues sentía la muerte próxima, de modo que en este texto se ocupa de lo verdaderamente importante, extrae de cada recuerdo, por trivial que parezca, la máxima emoción.

Los temas que más aparecen en esos capítulos/fragmentos configuran los grandes ejes del libro. Cuando menos, hay tres que destacan. El primero, que resultará familiar a los lectores de su obra, es el origen gallego de sus abuelos y su vínculo umbilical con la cultura española (Nélida vivió en España entre los diez y los doce años de edad). Brasileña y carioca nacida en Vila Isabel, el «promontorio de Brasil»,* esta doble cara de sus referencias culturales definió a Nélida. Tenía la plena certeza de que su condición de hija de inmigrantes había sido decisiva en su formación: «Empecé a leer muy pronto novelas y poesía en español. Una lengua que entró en mi imaginario para hacerlo universal». La lengua portuguesa, a su vez, «esponja de hiel, miel y plata», siempre sería la base de su vida y de su literatura: «E incluso noto el sabor de las palabras en la boca, entre los dientes, triturando sin piedad mis sentimientos».

La condición de nieta de inmigrantes también se aborda en bellos retratos familiares, recuerdos personales de su infancia y juventud, reflexiones culturales e históricas. Pese a examinar diversos aspectos de este y demás ejes temáticos

---

* Todas las citas están extraídas de la presente edición de *Los rostros que tengo*.

y biográficos, que desarrolla con cada alusión, Nélida no lo hace en una secuencia metódica y previsible, menos aún con la intención de agotar sus significados. El pensamiento de la escritora parece fluir a lo largo del libro, mientras esos temas y digresiones van y vienen.

Un segundo eje ineludible es la relación de Nélida con la literatura. Este también se configura y se desdobla a partir de innumerables fragmentos, que, aunque en apariencia son distintos, están unidos por el tema principal. Algunos de los subtemas son sus lecturas fundacionales: la Biblia, Homero, Machado, Quevedo, Shakespeare, Camões, Dostoievski, Gregório de Matos y, entre otros, José de Anchieta, que, «recién llegado al nuevo territorio, introdujo en el imaginario de Brasil un concepto estético original»; la mirada retrospectiva sobre algunas de sus obras más destacadas: *Guía-mapa de Gabriel Arcanjo* (su primer libro), *La república de los sueños* (una versión novelada de la historia de la inmigración gallega en Brasil) y *Voces del desierto* (un enfoque feminista de la clásica historia de la princesa Scherezade); sus principios estéticos: el ideal humanista de conjugar la grandeza de los clásicos con la relevancia de los modernos, lo erudito con lo popular, lo grande con lo pequeño, «la lujuria del cuerpo y del espíritu»; la esencia de la creación, «sensible o dolorosa», y el «deber de crear»; su propia carrera literaria, repleta de premios y amistades, como Clarice Lispector, Rubem Fonseca, Susan Sontag, García Márquez, Vargas Llosa y Eduardo Lourenço, entre otras; y, por supuesto, su experiencia como primera presidenta en la historia de la Academia Brasileña de las Letras en 1996 y 1997.

El último eje temático que cabe resaltar en *Los rostros que tengo* es de carácter más personal y confiere el tono grave que predomina en el conjunto. Trata del equilibrio de la vida ante la proximidad de la muerte, momento en el que ella misma reconoce hallarse: «Sé lo mucho que duele ser mujer y mortal». O, como afirma en otro pasaje: «Me esfuerzo para que mis días sean alegres. Solo por estar viva, aun sin un motivo concreto, alzo la copa de la ilusión. Sin olvidar que, al estar cerca del fin, me resigno a aceptar mis regresiones, las ruinas de mi cuerpo actual, un esqueleto que, sin embargo, todavía se alimenta y tiene sed».

Los rostros de Nélida se suceden, pero no se limitan a arrojar luz sobre distintos ángulos de los tres grandes temas del libro. Hay apariciones fugaces de rostros quizá menos esenciales, o menos dominantes, pero arraigados a la subjetividad de la autora. La música es uno de ellos. Con la primera alusión directa a esta, menciona un sueño que apenas le duró unas horas: haber tenido la voz de Maria Callas, esa cantante de ópera con «más de dos mil años de tragedia griega en las cuerdas vocales», y, a pesar de ser fiel al oficio de la escritura, reconoce sentirse atraída por el canto lírico, «parte del espectáculo humano». Más adelante, regresa a este tema, describiendo lo que para ella representó en su juventud en el Teatro Municipal de Río de Janeiro: «El escenario de una iniciación que despertó en mí emociones y el espíritu de la fe. [...] En aquel teatro el horizonte se ensanchaba para envolverme. Todo mi ser cabía en él. Allí llamaba a las puertas del cielo para conversar con un Dios sencillo que a menudo descendía a la tierra para entretenerse con los seres humanos». En otro fragmento, Nélida cuenta la entrañable historia de su fracaso como alumna de canto coral, en las clases de la primera esposa de Villa-Lobos cuando, por ser todavía pequeña, es relegada a la condición de cuarta voz con «las del fondo» de la coral: «La cuestión es que quedé apartada, como si no existiera. Aun así, yo cantaba, desafiaba, sufría». Cabe resaltar aquí el sutil guiño que la escritora hace al lector al escoger el verbo «desafiar», y no «desafinar», opción que, aparte de ajustarse perfectamente a la frase, resuena en nuestra cabeza. Con esto pone de relieve el fuerte temperamento y la obstinación de la joven que era, características (como bien saben los que la conocieron o estudiaron su trayectoria) típicas de Nélida a cualquier edad.

Los demás rostros fugaces que giran en torno a los temas centrales tratan asuntos diversos: la dimensión física y espiritual de la comida, los cinco sentidos y la materialidad de las cosas, la religiosidad, el feminismo, la naturaleza humana y la «estética del destino». Los subtemas también se combinan. Así, en ciertos momentos equipara su sensibilidad por las lenguas y la música, las vincula a los sentimientos, el sello de autenticidad para cualquier medio de expresión. De ese lugar central de la emoción en su forma de entender el mundo y las artes se desprende el aliento universalizador de Nélida como escritora —«La cultura de cada individuo es asombrosa»—, pero también su capacidad para detectar, en lo elevado y en lo cotidiano, los indicios de humanidad que le interesaban para crear sus historias y personajes: «Amor y cacerolas vienen a ser la misma cosa».

Los rostros que tengo también encierra algunas sorpresas en torno a temas de actualidad en Brasil. Aunque ensalza la universalidad del pueblo brasileño —«Siendo brasileña soy griega, romana, egipcia y hebrea. Soy todas las civilizaciones que inexplicablemente llegaron a este reducto brasileño»—, Nélida, conocida por su amabilidad y diplomacia, es bastante dura con las contradicciones históricamente mal resueltas de la civilización nacional: «Nacimos del mestizaje. De un universo impregnado de ficción, de fingimiento. Sin saber a quién debemos la idea de realidad que concebimos como una invención personal que rechaza los proyectos colectivos. Un realismo marcado por una alta dosis de ilusión que forma parte del carácter social. // Para los brasileños, aparentar lo que no somos, presumir de lo que no tenemos, es fundamental. Mientras fingimos poseer unos bienes que, en realidad, pertenecen al vecino, aseguramos ser amigos del rey, comensales en la mesa del poder. Qué fácil nos resulta insinuar que somos íntimos de aquellos que gozan de fama. Y todo para ostentar un arrojo del que carecemos. // Esa danza de las apariencias lleva tiempo instalada en el alma nacional. Influencia que quizá provenga de la península ibérica del siglo XVI, antes incluso de que existiéramos como nación. Lo cierto es que esta conducta, pese a venir de lejos, tuvo efectos persuasivos. Y, en un intento de interpretarla, nos obliga a viajar al interior de la historia de los países de los que procedemos».

Nélida parecía haber resuelto desde hacía tiempo, en su fuero interno, el conflicto entre la independencia crítica y el respeto a las tradiciones. Como si el interés por el debate, la acción pública y la defensa de la libertad individual o colectiva proviniera precisamente de los principios esenciales de las tradiciones religiosas, sociales o estéticas, y no de tergiversaciones limitantes. Esto se explica, por ejemplo, en los capítulos 53 y 59. El carácter esencialista del arte, sobre todo (y varios pasajes lo reafirman en *Los rostros que tengo*), es para Nélida aquello que permite a la humanidad superar las diferencias y los traumas históricos, conservar lo positivo del pasado y corregir lo negativo del presente. Sin perder de vista que la literatura es una pieza esencial del proyecto civilizador. Basta con volver a la cita que abría el presente texto para comprobar que el lenguaje, «la carne verbal» que define al prójimo, es el medio para garantizar una humanidad compartida y para acceder a los «fundamentos del mundo».

Podría decirse mucho más sobre el legado literario de Nélida Piñon y sus rostros mutantes o, como dice en el capítulo 46, sus «máscaras». Pero es mejor dejar que los lectores se sorprendan con el libro. Que se emocionen con las últimas preguntas que Nélida deja en el aire, cuando ve próximo el final de una vida entera dedicada al poder de la invención y la reinvención por medio de las palabras. «Dios mío, ¿qué sucederá con el portugués que ahora hablo? ¿Quién acabará con mi lengua en un futuro próximo, envejeciéndola hasta que ya no se entienda? ¿Cómo detener el impulso destructivo que todos llevamos dentro?».

1. La eternidad

Dios es igual de tangible que un pedazo de pan. Cuando nos impone su intransigente decálogo, se apiada del hambre humana. Y promulga la existencia de un paraíso que, en el futuro, nos acogerá. De manera que merece la pena creer en dicha divinidad.

No obstante, yo sé que a mí me educó el mundo. Como maestro y verdugo, dictó las reglas que me llevarían a hacer progresos, retrocesos y extenuantes negociaciones. En virtud de un código imperfecto dispuesto a inmolarme, a imponerme un falso ajuste a la realidad. Que, sin embargo, al arrastrarme hasta el borde del abismo, me enseñó a retroceder.

Sé que vivo sin malla de seguridad, guiada por el veneno de la pasión que la vida nos inyecta. Esa poción mágica que Tristán e Isolda ingirieron en el barco, de camino a su encuentro con el rey, que los sumió *ipso facto* en un delirio, que quedó legitimado para siempre en el imaginario del amor en Occidente. En consecuencia, yo asumo mi condición de peregrina que, con la ayuda de un bordón de roble, recorre el Camino Francés, la Vía Láctea, para llegar al fin a la ciudad de Compostela, a la plaza del Obradoiro, desde donde contempla la fachada de la catedral consagrada a Santiago, cuya ruta de milagros desafía la imaginación humana. Ahora bien, la construcción gótica es una recompensa para el alma. Y, en particular, para la mía. Esta alma brasileña y melancólica que busca la grandeza en una hormiga.

Sin embargo me pregunto, en momentos de fortaleza, ¿no será un retroceso para mi búsqueda del cielo recorrer el mismo paisaje que me conducirá a la muerte?

Comoquiera que sea, me resigno mientras me tomo un café con leche y mojo el pan en el líquido caliente. Aprendí este gesto de los campesinos de Borela cuando, las mañanas de invierno, saboreaban los frutos de la tierra con media sonrisa en el rostro y un cigarrillo colgando de la comisura de los labios.

En este instante de mi vida, ante la inminencia de partir hacia un lugar ignoto, me bautizo a mí misma, inclinándome sobre la pila de mármol de una capilla que visito por la tarde. Mientras me pregunto si estoy preparada para morir y quién llevará mi ataúd con celo y lo depositará en una tierra santa que no será Jerusalén. Antes iré a parar al sepulcro de mi familia, situado en un pasaje justo a la entrada del cementerio São João Batista, donde esparcimos los huesos calcinados de mis muertos. Pero aún más probable es que me lleven al mausoleo de la Academia Brasileña de las Letras, donde me aguardan los restos mortales de mi madre, Carmen.

Sin embargo, no me detengo. Esto es, me valgo de mi imaginación ágil, errante, sin rumbo exacto. Pero, con el esfuerzo, encojo mi alma para que deje de perturbarme. Mi alma indomable, cuyos excesos rechazo. De este modo aplaco el ímpetu de la aventura que me sobreviene desde la infancia. Esa manía mía de estar en un lugar donde no estoy. De recorrer la sabana, atravesar las Montañas Rocosas, como aquellos hombres peludos, no por el vello natural de su cuerpo, sino por las pieles de animales abatidos con que se vestían.

Pero ¿cómo salvarme de la condición de mujer y escritora? La prudencia, que es beneficiosa, además de respetable, me aconseja que me refugie en alguna cueva, lejos de los animales que buscan cobijo en mis entrañas. Temo a los bárbaros, que avanzan en números crecientes. Como aquellos liderados por el visigodo Alarico, que en pleno siglo IV se dirigieron a Roma, aterrorizando el centro de poder del mundo. Hasta el punto de intimidar a Agustín, el obispo de Hipona, cuya sentencia, que leí de adolescente, me alivió del peso del deseo de la carne, exclamando: «¡Señor, hazme casto, pero no todavía!». Con la entrada de los bárbaros, abandonó la ciudad que congregaba a senadores y esclavos. La invasión de semejante horda obligó al teólogo, autor de *La ciudad de Dios*, a huir.

No me desentiendo de los eventos históricos. Son didácticos. Me invitan a aproximarme al corazón del prójimo, que para mí tiene nombre y apellido, donde reside la esperanza de los días soleados, donde hay sombra y un destello de amor.

2. La estética

La estética tiene rostro, puedo verlo. Es el lado expuesto del arte. Es lo que vemos y lo que imaginamos. Una matriz primordial amparada por el conjunto de los actos humanos. Al auspicio de la cultura, argamasa común a todas las manifestaciones creativas, también es adversa, va contra ciertos intereses, como los de la vanguardia y los clásicos. Modela un carácter que oscila entre lo favorable y lo insidioso. Así, en el ejercicio del arte, la estética es difusa, inconsútil, arcaica, carnal, mística, trascendente, arqueológica, vasta, profunda, tradicional, contemporánea y, sobre todo, mestiza. Rige una imaginación propicia a expresar las contradicciones que impregnan el inquieto e insensato corazón humano, constantemente al borde del naufragio ante tanto subterfugio en torno al arte y a la existencia de Dios.

Hay que decir que, desde tiempos remotos, los fundamentos indisciplinados de esta creación proceden del caldo de la experiencia vivida y de la exacerbación del caos. Sin embargo, es la responsable de la lengua, de las cosechas de patatas, de alimentar nuestra atracción por lo cósmico. Y de inventariar lo cotidiano y las diversas formas que existen de amar y odiar. El hambre de pan y de oro.

Dondequiera que nos hallemos, ya en Micenas, bajo la égida de Agamenón, ya en Río de Janeiro, el arte siempre ha provocado agitación. Superó el momento álgido de la tragedia griega, la deslumbrante explosión panteísta que dejó a los hombres a merced de los dioses, hasta que Cristo llegó con su discurso revolucionario. En el transcurso de esta gesta de carácter poético, inherente a su origen, el arte rechazaba expurgaciones, la frontera entre lo sagrado y lo profano, y abrazaba lo fáustico, lo contencioso, lo lúbrico, la carnalidad abrasiva. Y es que, por ser la moral del arte fundamentalmente espuria, prestaba un servicio indistinto a todos los pueblos, todas las clases, todos los tiempos, a todas las civilizaciones habidas y por haber.

El arte, que se expresaba por medio de la estética, siempre ha estado presente en el mundo. Desde sus albores ha sido un salvoconducto para accionar actividades que redoblaran el repertorio de ideas y acontecimientos. Yo misma he acabado haciendo uso de sus sagradas escrituras, de sus beneficios, de la plenitud de un oficio que me ha llevado hasta la esencia del conocimiento. Me ha llevado a comprender que no corresponde a la creación difundir falsos conceptos paradisíacos, ni mitigar oposiciones, ni erradicar divergencias, ni facilitar reconciliaciones. Dado que el arte es volátil, y habiendo surgido de condiciones desfavorables, del arsenal de metáforas, fabulaciones y sentimientos inaugurales, su función ha consistido en abarcar lo sublime, lo monstruoso, lo onírico y lo perverso. Y a la vez proporcionar, con el propio acto de crear, la turbulencia anímica necesaria para metabolizar la existencia. De implantar en el espíritu del creador la semilla de la inquietud, de la inconformidad, de la perennidad de la palabra. Y, en definitiva, permitir la adopción de una creencia que ahuyentara la mezquina realidad para proyectarla hacia el centro del mundo. Hete aquí la estética del alma.

3. El inventario del hombre

¿A quién debo presentar el balance final de este año, como si fuese una persona jurídica, y no una simple mujer? ¿A quién exponer mis hechos, temiendo que me corten la cabeza, cuando solo estoy dispuesta a ceder mi corazón?

¿Quién llamará a mi puerta pidiendo cuentas de mis desaciertos, señalándome ante un público de hombres y de lobos, criaturas que carecen de compasión o afecto? ¿Quién, que conozca las derrotas humanas, el triunfo del mal, se apiadará de la intricada historia de nuestra especie?

¿Quién me dirá, ante el espejo y el reflejo de mi inhóspita agonía, que me encierro en mí misma, que no sé protegerme de los escollos de una vida cotidiana fugaz, banal y despiadada? ¿Y que, como las demás personas, desciendo con incertidumbre al valle de las tribulaciones humanas?

¿Quién es ese hombre de barba hirsuta, apoyado en un bastón y con aspecto de profeta, que desentraña mis misterios, eleva la voz y proclama mi irrenunciable condición de hija de Dios, del mundo, de los conflictos que azotan a la tierra desde hace milenios?

¿Quién repetirá, junto a mi cama, palabras que, desde luego, no surgieron del ingenio ni de las carencias del hombre? ¿Quién me visitará con el ímpetu de un ángel de alas redentoras, dispuesto a abandonarme tan pronto entra en casa, para pedirme que recuerde bien el vivo contraste del rostro del mal y su melancólica belleza? Solo así podré protegerme contra el falso mecanismo del universo contemporáneo.

¿Quién me susurrará historias forjadas a partir de la memoria de los pueblos, que entre otras hermosas intrigas aún hoy aluden a las Bodas de Caná? ¿Ese momento en que Jesús, a instancia de una voz femenina, asumió por primera vez su condición de hijo de los hombres?

¿Quién me enseñará las reglas de oro de la cortesía humana? ¿Abrirá en mi nombre las puertas del pecho ajeno para que pueda desfilar por las arterias del amor, de las incertidumbres que persiguen a los hombres desde los tiempos de Mesopotamia?

¿Quién me dará la mano para conducirme a mi lugar en la mesa del Señor, junto a los demás comensales, asimismo guiados por Él, que es puro misterio gozoso? Cuando, protegida por la fortuna en forma de vituallas, de vino y de frutos secos, buscaré a mi alrededor a quien me condujo hasta allí, a sabiendas de que corro el riesgo de no volver a encontrarlo.

¿Quién me consolará en momentos de peligro? Para que, cuando me vea rodeada de sombras y las tinieblas ofusquen los senderos del mundo, prestas a arrojarme al abismo, ese alguien me envuelva en su manto de afecto, como una red de malla fina hilada para capturar criaturas y peces. Y que en ese instante me enseñe la misma forma de contemplación que otrora alentaba a los místicos a levitar en nombre de la fe.

¿Quién me mostrará los decálogos de los hombres, y a la vez me instará a respetar aquellos que surgieron de mis propias convicciones? No debo permitir que me domine la sabiduría que me hunde en el pesimismo y la incredulidad.

¿Quién pronunciará mi nombre con la dulzura de los mártires? Esa voz rendida, que sobreviene después de conocer a Dios. En el momento en que desaparece de la memoria el dolor padecido por defender el nombre del Señor ante hombres sin fe.

¿Quién me dirá: te quiero, hija mía, y bajo mi protección no conocerás la desgracia? ¿Y en el futuro me susurrará que, llegada mi hora, no tema a la oscuridad? Que siempre existe una promesa de luz. Que poco a poco aprenderé a renunciar a la condición humana. El viaje más arduo y extenuante de todos.

4. El ideal y el pan

Suelo excederme al hablar de comida. El alimento que garantiza nuestra supervivencia y nos recuerda que, sin pan, devoraríamos la carne del prójimo como ávidos caníbales. Simples bárbaros que, víctimas del hambre, borrarían los vestigios de la civilización.

El alimento al que me refiero encarna el ideal de la vida. En el centro de una mesa rústica, a la vista de todos, conservado en una cesta de mimbre, parece asegurar que la finitud es cierta. Y eso que cada vez tengo menos hambre. Me encanta una mesa abundante, un placer que heredé de mi abuelo, aunque evito tomar varias porciones seguidas. Prefiero que la sopa me exima, porque es líquida. Evoca el sacrificio de los cistercienses que estaban dispuestos a morir, ciñendo a su cuerpo el cilicio para sentir el dolor redentor de los pecados, y se saludaban entre ellos, diciendo:

—Morir habemos.

Y respondían:

—Ya lo sabemos.

Entonces busco un paño que me sirva para guardar el sudario, una réplica del de Cristo. Un rostro estampado con sangre y agonía. Pero, al no ser suficiente, se tumbaban sobre un catre con clavos en los bordes, esperando hallar así, ellos y los anacoretas del desierto, una santidad que no corrompiera sus almas.

Me esfuerzo para que mis días sean alegres. Solo por estar viva, aun sin un motivo concreto, alzo la copa de la ilusión. Sin olvidar que, al estar cerca del fin, me resigno a aceptar mis regresiones, las ruinas de mi cuerpo actual, un esqueleto que, sin embargo, todavía se alimenta y tiene sed. Voraz, arbitra fuera de sus límites usando, con cierta elegancia a mi favor, las palabras de la lengua lusa. También sigo creando sin miedo a posibles desastres. Y hasta publico libros, indiferente a si me aplauden o no. Ya he cumplido con mi casi evangélica misión. Me da igual cómo me vean, me vale con cómo me miro en el espejo. Ese cristal que me devuelve, complaciente, el rostro que ofrezco al mundo. Mi banquete histórico. Mis ojos que todo lo observan, la cara que otros desfiguran con la intención de mortificarme.

A medida que avanzan las horas, van imprimiendo arrugas, cicatrices en todo mi ser, muestras arqueológicas que algún día se estudiarán.

5. Dondequiera que vaya

Dondequiera que vaya, aunque sea al infierno, llegaré intacta, tal como soy. Como dueña de recursos que expongo sobre bandeja de plata.

En un despacho abarrotado de personajes ficticios, se acumulan tramas rebosantes de conflictos que devoro fascinada. Son fruto de mi invención, y también me angustian. Aun así, escribo cada frase, pues siempre me podrán servir. Aunque confío en mi memoria, sé que esta tergiversa, que tiende a la traición.

A veces, en mitad de la jornada, pienso en los salmos del rey Salomón, que se repartían entre la sabiduría y la lujuria. Hijo de David, predicaba cautela para gobernar, y se cuidaba de los peligros de la vanidad, que vaticinaba la ruina.

En este despacho con vistas sobre las aguas de la Lagoa me distraigo, como es inevitable. Paso de Salomón a Nabucodonosor, un nombre que siempre me ha gustado. Vivo, si bien no de forma simultánea, saqueando cuanto necesito de metáforas y adornos del lenguaje. Para poner de relieve el ingenio humano contenido en los incunables. Puesto que mis bosquejos provienen de aquellos, se empeñan en pisar el suelo sagrado de mi poética.

Los papeles me rodean. Poseen cierta vanidad. Sin embargo, con su solemne mutismo afirman que, tal vez, de alguna hoja en blanco brote un arte alentado por el espíritu de la palabra.

Así he actuado siempre, distraída, si bien con confianza. Recorriendo laberintos humanos, con monarcas y mendigos a cuestas, concediéndoles la existencia. Ahora bien, quien me anime en este esfuerzo creativo, ¿será mi cómplice, me ayudará? ¿O habré de soportar sola esos días inestables que me exhortan a renunciar?

Sea como sea, antes de partir purificaré mis sentidos, el malévolo juego de la pasión, que es mi desmesura. Pero ¿cómo lo haré? ¿Y tendré tiempo?

6. Música

Escucho música y siento que estoy a salvo. Las notas musicales me golpean con secreta misericordia, afinan mis sentimientos. Entonces escojo un compositor que alivie la incertidumbre que me abrasa. Me dispongo a ser todos los linajes del mundo a la vez. Recientemente, durante una temporada en Portugal, instalada en una casa en Lisboa, escuchaba sin cesar, desde el amanecer, fragmentos de la tetralogía de Wagner, pues sus senderos sombríos, míticos, siempre dramáticos, me impulsaban a seguir adelante pese a las dificultades.

Regresé a Río con exceso de equipaje. Manuscritos, libros y latas de sardinas. Para la novela *Un día llegaré a Sagres* disponía esencialmente de soledad, tiempo infinito y serenidad. A cargo de una historia que despertaba en mí las apasionadas llamas que conservo intactas para la literatura. Sin embargo, aun cuando me enfrento a una página insípida prosigo, esperando tener alguna súbita revelación. Sigo teniendo fe en el talento humano. Tengo vocación por admirar a mis compañeros.

Ante un día productivo, me alzo triunfante. Cuando he librado el buen combate de Pablo con la palabra, con valor para enzarzarme con la esencia desconocida del arte, doy gracias. Además, la literatura me ha susurrado siempre que cualquier sacrificio por ella merece la pena. Por la magnitud de Homero, mi antecesor.

Los desvaríos de la creación me sientan bien, es la fiebre que inflama el cuerpo. Cuando las frases me aseguran que voy por el camino correcto. Sin embargo, los errores que detecto mientras narro me instan a alterar, a añadir, a eliminar o a agrupar cualquier cosa, a ir donde no había ido antes. Identificar lo que aún no existe en el libro es una lección definitiva. Es, a fin de cuentas, la lucha por llenar las lagunas, aquello que se omitió en vez de incluirse. Y, aun así, tener ánimo para desarrollar el relato, que reclama atención porque le faltan partes esenciales. Y tener que arrojar luz sobre esas lagunas, regar lo que está a punto de brotar del terreno creativo. Es posible que, una vez concluida la novela, un placer superior sea para mí tomar conciencia de haber ido más allá de mis propios recursos, y sentirme rendida, agotada.

7. Inspiración

Extraigo la savia de la anatomía y de los árboles brasileños. Todos los aspectos de la realidad me interesan, pues pueden insuflar vida, pueden inspirarme. Mi pecho ruge frente a cualquier provocación y condena la apatía mortificadora. Todo cuanto me atrae tiene la forma de refinadas volutas y me transporta, por la acción de un milagro, a las ruinas de la abadía de Cluny, que Dios habitó siglos atrás. Entonces germina en mi interior un sentimiento inefable, rayano en lo poético. Doy las gracias por cuanto surge de las tinieblas del mundo.

A veces es una visión que emerge de algún rincón que apenas si distingo. Le falta nitidez, o también razón de existir. Amenaza con desvanecerse, con proteger su misterio. Sin embargo, sé cómo enfrentarme al silencio de la vida. Pronto recogeré los fragmentos con los que reconstruir el jarrón griego de antaño. La inspiración que busco no tardará en llegar. Salgo a su encuentro en cuanto me despierto, y cualquier cosa es pretexto para un arrebato. También las grutas, desde las entrañas de la tierra, difunden la esperanza de que, en breve, la materia del desasosiego, que es la creación, estará a mi alcance. Conviene aguardar la llegada de la palabra agazapada en el desván donde la existencia cobra vida.

Me acomodo en mi despacho frente a la perspectiva de mi siguiente creación. Imagino estar en una esquina viendo pasar a transeúntes y cuadrigas romanas. Todo lo demás que conciba desde mi trono es obra de fuerzas invisibles. No es el simple resultado de una inspiración cualquiera. Fabulo, pero sin crearme ilusiones. Solamente dispongo de pieles y huesos. Cuento con tan poco que sigo tropezando con objetos que he convertido en ángeles y en demonios. De cuántos me habré desprendido sin piedad.

Cuando me limito a preguntarme quién soy yo frente a la adversidad y la creación, las frases surgen de pronto, hábiles, inician la narración como un aliento, bajo una forma que moldeo a mi gusto. Me impulsan a crear, a gritar, a protestar. Pero en ese momento soy señora de un reino guiado por el verbo. Preñada de palabras, me valgo de imágenes, clarividencias y milagros. Estoy encadenada a la creación, la pasión me envenena. Daré a luz una frase aun cuando sea mi enemiga. Es toda una proeza. Las oraciones que se van acumulando presumen del *fiat lux*. Reivindico un desorden que exalta sonidos incipientes. Más frases se suceden con ansia. Aquí y allá, los párrafos se prodigan bajo el dictado de un impulso surgido del germen del enigma que preciso. Y así lo asumo.

8. Milagros

Conocí muy temprano el mundo de los milagros, cuando vi en casa de mi abuela Amada un rincón con toda una colección de imágenes y velas. Un altar secreto cuya religiosidad parecía crecer con los años. Un lugar reservado a las plegarias que habrían de aliviar nuestras desdichas. Lo cierto es que no había tantos santos aunque yo pensara que eran muchos.

Pegados a la pared, los afligidos dejaban allí notas con la esperanza de ser escuchados. Apelaban a dioses, duendes, hasta a gnomos, amén del propio Dios Todopoderoso.

Yo misma llamé alguna vez a la puerta de ese altar que albergaba revelaciones que dictaban el camino de la fe. Hasta que más adelante comprendí que la realidad se desplegaba en muchas facetas, no en un rostro único. Y, por lo tanto, tendía a engañarme con sus diversas versiones, con las conjuraciones que rondan al ser humano. Esta circunstancia se presenta cada vez con un nuevo ropaje para conquistar la vida. Y no es una simple réplica, sino una versión del mundo, una construcción que entraña una esencia superior.

De ahí que yo creyera que cualquier relato cabía en el contexto de lo cotidiano, algo compatible con los recursos de nuestra imaginación. Que no estaba al margen de nuestro entendimiento. Como cualquier historia de amor entre dos seres opuestos, entre animales bípedos y cuadrúpedos. Las distorsiones y las incongruencias tendrían que ser parte del juego amoroso, lo cual sería determinante para alcanzar la culminación del placer. Tendría el triunfal alcance de una historia con final feliz. Fuera o no fuera responsable de sus calamidades, yo habría tejido la trama desde mi humanidad.

9. Borrador

Parece que fue ayer cuando renové los votos como escritora brasileña. Desde el momento en que descubrí que la vida más allá de las paredes del hogar era mejor. Cuando merecía la pena franquear la puerta para participar de las inclemencias del cielo y el infierno, de la odisea humana. Siempre con la idea de vivir según los libros que mi padre, Lino, me traía. Con estos reía, lloraba, movida por personajes obstinados pero heroicos, como Nayoka y Winnetou, el jefe apache. Esos personajes, junto con otros, demostraban valentía una y otra vez, algo que en ese momento concordaba con mi ideario. Entonces, yo pensaba que los libros nacían de las confesiones, de las vivencias personales de cada escritor. Hasta que reparé en que el epicentro de una historia dependía de la inventiva, de los motores del relato. Y, por lo tanto, de dictados que estarían a mi alcance en cuanto acumulara dicha materia prima. Mi aptitud se pondría a prueba por medio del trabajo arduo y de un misterio que tenía que ver con la vida, dos aspectos que me permitirían dar el salto mortal hacia la creación. Y, aunque al principio carecía de ambas condiciones, cuando empecé a observar a mi alrededor, me animé. Una genealogía familiar gallega, un abuelo inmigrante que había cruzado el Atlántico a los catorce años sin poseer nada, y al que, siendo carpintero, no le había importado perder un dedo en la máquina. Todo eso estaba ahí, para un día brindarme el esplendor de la lengua portuguesa. Además, contaba con recuerdos pasados y recientes, con una inventiva propiciada por la música, el teatro, la lectura apasionada, los viajes a São Lourenço y a España, y los vestigios de la civilización.

Un manantial que me impulsaba a aventurarme por los resquicios ocultos de la narrativa, y a acatar hasta el último detalle un ritual que me permitía revelar la esencia que subyace en la palabra. Y, así, extraer de la existencia la sustancia contenida en el meollo del arte.

En esta trayectoria, no me reprocho las manías y obsesiones que en su momento abracé, pues ni me hirieron el corazón ni me esclavizaron. Salvo algunas que abandoné para que no me lastraran. Me bastaba con el peso de crear sin una red de protección. Aprendía del propio oficio ejerciéndolo a la deriva, en medio del oleaje, en un mar de sargazos.

Con los años, desmitifiqué el prestigio que rodea a la escritura, palié sus efectos. Antes, cuando me disponía a escenificar la llegada de la inspiración, me vestía como si fuera a recibir a un invitado y, de hecho, este era la palabra. Quizá era mi manera de conciliar la estética del arte con la de mi cuerpo. Con la ayuda de mis padres, me retiraba a escribir a alguna pensión del interior del país. Buscaba subterfugios que banalizaran el arte de escribir. También tomaba notas por las noches, convencida de que los fantasmas que andaban sueltos me ayudarían. Hoy, sin embargo, desde la madurez, observo en soledad y con sencillez la ceremonia de la creación. Soy una simple anacoreta despojada de sus posesiones.

10. Pobre corazón

Tengamos el valor de hablar ahora del corazón humano. Ese órgano que sangra con falso control y regula la vida con una autoridad desmedida. Ese corazón protegido en el pecho, que bombea la vida con el brutal instinto de un búfalo que corre libre por las praderas. Y que, a cada sobresalto, parece presto a saltar por la boca como una alegre rana, antes de sumergirse en el pantano, su lugar natural.

Un corazón invisible hasta en la desnudez más desalentadora, que nos reconforta con cada minuto más de vida que nos concede. Ese corazón que el ser humano idealiza como el origen de los sentimientos, reducto de la pasión, paraíso de afectos, escenario de la ceguera, refugio de la ira. Ese corazón que busca como un buitre el cadáver ajeno para saciar el hambre.

Ahora bien, ya que hablamos del corazón, ¿qué posición adopta a favor de los intereses humanos? ¿En qué dirección se inclina su inestable y demoníaco péndulo para revelar sus deseos más profundos? ¿Es posible que el corazón de los hombres sea sensato, humanitario, generoso? ¿Está regido por materia noble, por buenos instintos?

¿Es posible confiar en un corazón que otrora habitaba las cavernas, se alimentaba de carne cruda y perecía bajo las extremidades deformes de animales prehistóricos? ¿Un corazón que un día, milenios atrás, se despertó indispuesto y conoció la melancolía? Gracias a la cual tocó su propia herida y descubrió que sus necesidades eran ilimitadas. Cuando tomó conciencia de ser una criatura desesperada y solitaria, temerosa de las horas venideras. Para quien el futuro era una incógnita que se confundía con su propia muerte. Un corazón que fue nómada desde los inicios, que se resistía a establecerse en un único lugar. Que apelaba a la imaginación para humanizarse, sin por ello ser mejor, más sabio, dueño de actos certeros.

Pero ¿qué privilegios escoge para ser feliz este corazón ingrato e inconstante? ¿Qué es lo que más le complace como para perder la cabeza, para comportarse como la bestia de la cual creía haberse librado en la batalla evolutiva?

¿Ante qué ser o cosa se entrega y es fiel hasta el fin de sus días? ¿Será el amor su alegría predilecta, su sincera perdición? ¿Serán la mesa de juego, la aventura de descubrir planetas, las materias que lo inflaman hasta el punto de no saber dónde se encuentra? ¿O ese corazón prefiere la política, la obra de arte, la gloria, la inmortalidad, el imperioso sexo?

Por último, ¿qué mueve a este órgano a latir, a emocionarse, a conservarse íntegro para el objeto de su pasión? ¿Sabemos, acaso, responder con firmeza y resolución? ¿O la respuesta es más sencilla, y permite adivinar que el hijo predilecto, su perdición, su irrevocable muerte, es el dinero? El oro que lo hipnotiza hasta el punto de solo ver aquello que le permite obtenerlo, atraerlo a sus vísceras. Esa moneda que se adapta a la perfección en el lecho y las entrañas de los hombres.

11. Arte puro

Qué alivio despertar y saber que hemos superado la prueba de la vida, que hemos triunfado. Las trompetas no han anunciado nuestra muerte. Por todos los rincones de la tierra hay indicios de que la vida está aún de nuestra parte. Las narinas resuellan, trémulas como siempre, desenfrenadas e irresponsables. La rueda de la fortuna gira sin cesar, no muestra en su panel luminoso el nombre de los que irán al cadalso. Hay motivos para creer que hemos sobrevivido a esta mañana de junio porque somos parte del contingente de bienaventurados.

Esta suerte, que iguala a reyes, criminales, santos, proxenetas, pesimistas e inocentes, de repente se disuelve. Y ordena que cada hombre se desvíe para seguir su propio camino. Sin embargo, ese milagro que contempla a todos con la misma materia corpórea no sirve para aproximar a los hombres, para imponerles fraternidad obligatoria. Indefectiblemente belicosos, se empeñan en destacar las marcas que los diferencian. Todos y cada uno de ellos tratan de llenar la cesta de la vida, de multiplicar el pan, según las reglas de su espíritu mezquino.

Y así, reducidos a una suerte de estética del destino, vagamos solitarios por el mundo. Señores de un cadáver al que se concedió un certificado de libre conducta para acudir allá donde el sueño los lleve. A fin de gozar de licencia para llamar a las puertas del misterio con la simple ansia de secuestrar la magia de lo cotidiano. Sencillamente para que, envueltos en andrajos, podamos contemplarnos ante el espejo como un Narciso casi ciego, o como un Orfeo a punto de perder la voz de la poesía.

Y todo porque vivir exige un certificado artístico. Es arte puro. Asunto de virtuosos, que arranca sonidos afinados a las cuerdas de un Stradivarius, que cincela palabras al sabor de la invención, que atribuye a los gestos una dimensión de la que en realidad carecen.

Con todo, para superar las etapas del calendario humano, conviene viajar por el país del alma. Alojarse en él con visado y pasaporte. Y entonces, víctimas de la ilusión y sus laberintos, podremos oír los sonidos que su intraducible memoria tuvo a bien acopiar.

Con cada año que pasa nos desvanecemos, sometidos a crecientes desafíos. Aun así, el alma nos disculpa la indelicadeza y se apresura a emitir señales de aprecio. Nos rehabilita, pues ya no puede prescindir del precario cuerpo humano que, por otra parte, necesita para deambular por la tierra.

Bajo esa discreta protección avanzamos entre la neblina. En un vano intento de, algún día, conciliar el futuro con la historia de nuestra muerte. De la parca, que nos insta a crear recuerdos que dejaremos atrás. Como si, desde la condición de mensajeros de Dios, anunciásemos el fracaso del proyecto humano. Mientras, cae la tarde y apreciamos el embate de la brisa marina contra el rostro.

En ese instante raro, único, cada cual ostenta sus propios enigmas, las respectivas coronas de espino de sus vidas.

12. Amada, madre de brasileños

¿Sabían mis abuelos que de su hogar, de origen humilde, nacerían hijos brasileños? ¿Lo sabía Amada, aquella abuela de suspiros castellanos con ayuda del gallego, cuya efusión verbal siempre me emocionaría?

En el seno de esta familia empecé a leer muy pronto novelas y poesía en español. Una lengua que entró en mi imaginario para hacerlo universal. Para implantar en él las fisuras que provoca la cultura en su trayectoria de colisión.

Cervantes confirmó mi ansia de aventura en el momento justo. Comprendí que yo debía ser Ulises, pero sin la perspectiva de regreso a Ítaca. Al poco tiempo, advertí que el idioma del *Quijote* alcanzaba la plenitud porque bebía de fuentes populares. Incluso abarcando lo escatológico, sin lo cual su asombroso éxito habría sido estéril.

Ahora bien, como hija de la grandeza de Camões, comprendí que el universo cervantino se basaba en las claves de una lengua encomiada por el gramático Nebrija. Y, puesto que visité con éxito el corazón de mi abuela Amada, pude rastrear las andanzas de su lengua, su español, en mi país.

13. Las lecturas

Leo de la misma forma que vivo. La lectura no se debe únicamente al placer estético, me brinda la savia de la existencia. Me cuenta lo que quedó atrás y que yo no conocía. Revela quién soy, o en quién me convierto una vez que asimilo aquello que, hasta ese momento, se había conservado en el interior de una concha del Pacífico. La lectura se ha vuelto imprescindible para dialogar con Cervantes y con el inglés Shakespeare. Y con otros muertos inmortales.

Gracias a los libros aprendí aquello que la ambigüedad narrativa encierra en su discurso, aquello que protege. Siempre dudoso, flexible, con sus ráfagas de luz. Aprendí a ver cómo cada página ilumina y oscurece la materia que los siglos se han resistido a desnudar. Yo misma y el resto de los mortales incluidos, griegos y teólogos de todas las creencias. Y hasta Dios, que por medio de Isaías y Jeremías estableció el canon que certificaba qué discurso era propiamente el suyo.

Así pues, con cada texto que leía, devenía una arqueóloga que exploraba los misterios agrupados en formación romana en el campo de batalla.

Siempre he amado los libros, la transfusión de sangre y de fantasía. Su poética delirante, desprovista a veces de sentido, que resonaba en mí. Sus personajes de ficción y los históricos. También los santos de cuerpo consumido. Los mártires de la libertad. Cuanto ellos afirmaban, para ponerlo yo en duda. Pero respetaba la sabiduría de aquellos pueblos que a lo largo de los siglos, en medio de la barbarie, la tiranía, el genocidio, lograron humanizar el alma perversa. Leo cuanto cae en mis manos, y compadezco a mi especie, pero también me deslumbra la sublime genialidad de algunos de nosotros. Sigo preguntándome si merece la pena salvarnos. Si algún día lograremos inyectar en nuestro corazón la esencia que nos reconcilie con la bondad. Si nuestra civilización adoptará raseros distintos que anuncien un nuevo universo.

Y, aunque sigo leyendo, ningún libro me ha revelado la clave para reclamar la felicidad, la paz que necesito.

14. Los susurros de la lengua

La lengua es el hogar. También la patria, según creen algunos. Yo digo que es fuego, agua y poesía. Y la olla en el fogón con un guiso de frijoles negros que duran años. Así como el pan cortado en rebanadas sobre la mesa, que alimentará a la descendencia. La lengua es todo aquello que expresa la necesidad humana en el curso de su truculenta ansia de amor y odio.

Un lenguaje que, aunque eche pestes contra Dios y el Diablo en un mercado donde se venden hortalizas y el alma, atesora misterios en sus recovecos. Un lenguaje que despunta, voraz y enérgico, en las primeras horas del amanecer, y confía en seguir dando nombre a todas las cosas nuevas.

Con la lengua en el corazón, me aseguro de la existencia ajena. Al distinguir entre lo concreto y lo abstracto, sé si uso un fragmento o si pido una frase prestada a un autor muerto para dirigirme al mundo. A mi parecer, lo natural es que las hordas del pasado nos sean útiles, que sirvan de eslabón civilizador. Debemos mantener intactas aquellas lenguas que sentaron las bases del habla actual.

Aplaudo cuando la palabra circula entre los mortales. Grosera, cruel, refinada. Las lenguas arcaicas sujetas a la lengua portuguesa. Sueltas, fragmentadas por los siglos, a la deriva y, sin embargo, impregnándonos con su rastro. De ahí mi veneración por la simbología que de ellas se desprende. Al fin y al cabo, no exigimos que se desvanezcan, que se sometan a los cambios que el paso de los años impone. Quienes las utilizan las transforman inevitablemente. Es la ley de la lingüística. Dios mío, ¿qué sucederá con el portugués que ahora hablo? ¿Quién acabará con mi lengua en un futuro próximo, envejeciéndola hasta que ya no se entienda? ¿Cómo detener el impulso destructivo que todos llevamos dentro? ¿Acaso es la necesidad lo que fuerza la creación de una nueva lengua?

15. Homero

Hace años que finjo intimar con Homero. Que me concedo el derecho de invitarlo a mi casa de Lagoa, situada en un país lejos de la Acrópolis, ese recinto perfecto que él recorría mientras aguardaba la llegada de sus aedos.

Al recibirlo en mi casa, tras darle la bienvenida le ofrecí aguardiente brasileño con limón y una pizca de azúcar. Y como nieta de mi abuelo Daniel, que apreciaba la hospitalidad, agasajé al narrador más importante de la humanidad con un plato que mi país brinda con generosidad y que se cuenta entre mis bienes más preciados: la *feijoada*, nuestro plato nacional. Intenté explicar al bardo las raíces de la gastronomía brasileña, que engendró pecaminosamente un plato de lo indigno, pues eran las sobras de la casa señorial, con las que los esclavos famélicos se alimentaban en la *senzala*.* Y, a partir de estos trágicos restos de carne de cerdo y alubias negras, este pueblo cruelmente desterrado fue capaz de crear una delicia celestial.

Con discreción, dirigí la atención de Homero sobre el relato de la historia de mi país. Lo veía distraído, indiferente a un mundo que él ya interpretó siglos atrás. Nada era nuevo para él. Ya había cosechado los estragos de la guerra de Troya, confiriéndoles una dimensión épica tal que aún hoy consigue exaltarnos. Yo comprendía su poco interés en la vida brasileña, pero igual insistía. Tal vez porque yo también me abstraigo de una realidad que se repite sin novedades. Es más, me desconecto del entorno para

* Viviendas que alojaban a los esclavos que trabajaban en las haciendas brasileñas entre los siglos XVI y XIX. *(N. de la t.)*.

salvarme. La distracción es un estímulo intelectual. Se acumula mejor en la producción humana cuando se adentra en el alma silente.

La obra de Homero no rehúye el deseo. Para agradarlo, le dije que su cultura impregna la sexualidad brasileña. Que en toda ella existe una atracción por los sufridos genitales del ser humano. Una atracción sublime y perniciosa, que tiene que ver con las vísceras y parece especialmente apremiante en la *feijoada*. Un plato que rebosa sustancia gracias a la carne de algún hermoso cerdo, animal que, pese a su aspecto y a los maltratos que sufre, anticipa delicias. Animal de insuperable generosidad, todo cuanto nos brinda nos salva. También le conté que esta carne aporta al plato una sensualidad que estimula el sexo y los intestinos. Una fusión de paladares y pobreza. La *feijoada* es sincrética, contiene la historia de Brasil, la que ensalzamos y la que nos avergüenza.

Confesé a Homero que yo he apreciado estas criaturas desde la infancia, cuando viví en Cotobade, Galicia, y que lloré a lágrima viva el día que vi al animal maniatado para ser sacrificado con un cuchillo. La sangre caía a borbotones sobre una palangana, pues todo se aprovechaba. No hice nada por salvarlo. Me sentía indefensa, fascinada ante el ritual de una muerte cruel. Un refinamiento que se perfeccionaba a partir de los muertos. Pero que se justificaba por la voracidad del hambre de los aldeanos, mi gente. Y bendecían la sangre derramada, con la que prepararían deliciosos alimentos, como las tortitas. Mientras, yo aprendía las leyes de la supervivencia y de la economía.

Homero me acarició la mano, y yo, a mi vez, la suya. Ya no recuerdo si al final comimos *feijoada*. O si todo fue una mera ilusión de esta escritora.

16. Miedo

Tengo miedos, como cualquier otro mortal. Sentimiento que se debe a que no estoy lo bastante preparada para sufrir, para morir con dignidad y según las mismas reglas por las que he vivido.

También lamento que nadie vaya a avisarme de mi hora de partida, y que no me dé tiempo a ordenar mi entorno ni a despedirme de cuantos dieron sentido a mi existencia. Y no poder repartir entre ellos mis últimos favores.

Sin embargo, y aunque me pese, pienso en esos momentos que se me han arrebatado y que transformo en palabras vagas, inefectivas. Como si de este modo evocaran las satisfacciones vividas, los sobresaltos que hacen hervir la sangre en mis venas como si me despojaran de la vida que aún me queda. He sido objeto de la codicia ajena, a la que no he sabido cómo corresponder. Cómo abrirme a la carne del otro. Al feroz deseo de quien me deseaba, sin preguntar siquiera. Un deseo que, sin embargo, consentía, forzada por una naturaleza salvaje que se vuelve más fuerte cuando es sometida a prueba. Amores, en fin, que me asaltaron insospechadamente para merecer mi humanidad.

Tal vez parte de la propia esencia se descubre cuando el ser libra una batalla con el otro. Un antagonismo que amplía el campo de la percepción con el fin de comprender nuestra presencia en la tierra.

17. El Brasil que se vislumbra

Regreso a Brasil con la bendición del sol. Nuestra realidad, que todavía es excesiva, reverbera en todos sus detalles. Entonces me pregunto si debo aplaudir su teatralidad, una herida que abre en el alma con su cuchilla.

Aplaco sus efectos desahogándome en casa, en los entresijos de la lengua, esponja de hiel, miel y plata. Y, cuando lo veo todo más claro, me desarmo con un cúmulo de afectos y formulo frases banales. E incluso noto el sabor de las palabras en la boca, entre los dientes, triturando sin piedad mis sentimientos.

Me sonrío ante los gestos típicos de mi tribu. Me son familiares. Los arrastro por casa, los acomodo entre los bibelots, duermo con ellos.

Una vez instalada, vuelvo a ser apta para la vida brasileña. Sin precauciones, inocente, pregunto por los amigos a quienes me reciben en el aeropuerto. Acojo las noticias con cierta credulidad. Y quiero creer que todos son inmortales. Nunca me despediré de ellos en la sepultura.

18. Tía Celina y Cleopatra

Desde el promontorio de Brasil que era el barrio de Vila Isabel, donde nací, asistía al desarrollo de la historia, que los libros y mis tías me contaban por capítulos. Cada cual refinando el sentido de la narración que emanaba del texto. Yo lo agradecía, emocionada, pero siempre pedía más.

Las tramas se sucedían, hablaban de héroes y villanos. Todos revestidos de palabras, muchas para mí desconocidas. En la infancia, la reserva verbal es mínima, repetimos lo que sabemos, con la sensación de que así exploramos el mundo. Todo me parecía suficiente, salvo las adversidades de los personajes.

Yo pedía que me leyeran más y más. No saber leer es un infierno. Dependes de otros y de la propia imaginación, que se ve obligada a inventar sin tregua. Dejaba en manos de mis tías lo que contenían los libros.

Así, escuchaba por primera vez el nombre de las figuras de la mitología extranjera. También ciertas palabras me parecían ajenas, sin sentido, y solo dificultaban la comprensión. Pero cómo me emocionaba participar de aventuras, aunque fueran las de otros. La tía de turno apreciaba tener una sobrina a la que le gustaban los libros. Desde luego, yo las animaba, y quizá tenían la sensación de estar leyendo una pieza oratoria desde el púlpito.

—¿Lo entiendes, Nélida?

Yo no me quejaba de nada. Les debía mucho. Pero censuraba a los héroes que no tenían valor, porque no cumplían con su deber de arriesgar su vida por mí. Ah, mis tías queridas. La bella Amada, a la que llamaban «Maíta», una mujer indomable, que se enfrentó a mi abuelo Daniel para defender mi nombre, Nélida. Mi madrina, la tía Avelina, era delicada y parecía de porcelana, pero era tozuda, defendía a sus hermanas igual que un caballero andante. La tía Celina, la más joven, era guapa y se formó en la Escuela Nacional de Música, de ahí que en casa de mi abuelo hubiera dos pianos. En ocasiones, embargada por una extraña emoción, abordaba de pronto el piano y, con arrobo, tocaba el himno nacional según la famosa versión del compositor Gottschalk, interpretación que Guiomar Novaes consagró.

Acataba los desafíos de las acciones humanas, y sentía que sus espíritus combativos me protegían. Los de mis tías y mi madre, Carmen, y también el de mi tío Antônio, el único varón.

Y así ocurría con cada visita a la casa de mis abuelos de Vila Isabel. Me exponían a rituales gallegos y brasileños, que se alternaban. Guardaba en los cofres de mi memoria palabras e historias, sobre todo las de contenido intenso. Yo era dócil, pero, según supe luego, solía soltar alguna que otra frase con visos poéticos, lo cual desconcertaba a mis tías.

Algunas historias me afectaban. Mi corazón carecía de coraza, ningún gesto me protegía. Para compensarlo, iba acumulando capital léxico para el futuro. Nunca olvidaré la vez que pedí a mi tía Celina que me preguntara sobre Cleopatra, fascinada como estaba con el banquete que brindó al general romano Marco Antonio en su barco sobre las aguas del Nilo. Seducida por la suntuosidad de los detalles con que la emperatriz, en el apogeo de su poder, pretendió impresionar al poderoso romano. Para entonces yo ya leía, pero nada me saciaba. Me encantaba repasar lo que aprendía, con todas sus variaciones.

—Tía, cuéntame una historia. Pregúntame otra vez por la reina Cleopatra.

Quizá ya intuyera que la emperatriz y el romano pronto vivirían el esplendor del amor de perdición que siguió a aquel banquete de abundantes vinos y manjares afrodisíacos. Pero yo ni sospechaba todavía el ímpetu que mueve a la carne una vez que se desata.

Aún hoy me siento próxima a Cleopatra, que tuvo el valor de quitarse la vida. Y siento un fervoroso amor por mis tías.

19. Carmen

Mi madre, de quien les hablo ahora, era una mujer de penetrante ingenio. Mantuvo intacta su perspicacia hasta la muerte, a sus ochenta y cinco años. Nunca dejé de admirar su comportamiento, que conjugaba con su esmero diario. Su buen gusto para desarrollar una sabiduría estética que usaba para embellecer el hogar y cuanto en este había. Tal era la devoción que sentía por su hija que hizo de su principal objetivo ayudarla, darle cuanto a ella se le había negado. Confiaba en su futuro literario, y para que lo alcanzara se comprometió a sacrificarse por ella.

En su afán de prosperar, gracias a su sensibilidad retenía los matices de la vida cotidiana, así como los de las personas que habitaban su hogar. A cualquier cosa que hiciera, por simple que fuese, como una tortilla de patata, le añadía encanto, paladar.

En ocasiones, consciente de su historia, yo me preguntaba cómo había superado las limitaciones de la vida cotidiana, cómo había alcanzado ese grado superior de sensibilidad. En cuanto veía entrar a mi madre en el salón, me ponía de pie. Siempre, sin excepción, daba constantes muestras de absoluto respeto por ella, puesto que la amaba y la consideraba responsable de todo cuanto hiciera por mí misma.

Hizo lo posible para que su hija tuviera un despacho donde poder encerrarse y tejer todas las fantasías del mundo con la escritura. Nos mudamos varias veces de casa, hasta que nos instalamos en Leblon. Y así fue. ¿Qué más necesitaba para prosperar como escritora? No quería que fuera una simple aprendiz, ni que descuidara el texto, cuyas reglas debía dominar. No tardó en darse cuenta de que, para progresar en la escritura, era crucial una gran dosis de sacrificio. Narrar no consistía en extraer nada a partir de nada. Y todo esto, sin nunca dejar de imponerme una postura ética. Debía ceñirme a un código acorde con las directrices que me había inculcado. Solo le faltó desafiarme a escalar el Annapurna.

Las cualidades de mamá impregnaban el hogar. Sin aspereza, realzaba su delicadeza, ampliaba su acervo cultural. Tal vez el amor de su hija por la lengua despertó su propio interés por el fulgor verbal. Escuchaba con atención los debates, leía libros y periódicos a diario. Puesto que ambas éramos ceremoniosas, no dramatizábamos la convivencia. Y también manteníamos las tradiciones brasileñas. Nos queríamos.

Murió en su habitación, en mis brazos.

20. Mi madre y el buen hablar

Mi madre solía decirme que me trababa con las palabras, que no las dominaba. Que acudían a mí, pero no estaban en consonancia con mis pensamientos. Al menos, así lo entendía ella. Estaba convencida de que los siete u ocho años de su hija no eran excusa para sus deslices. Los recursos de la heredera, hasta el momento latentes, debían salir a la luz. Y es que mi madre me creía poseedora de una inteligencia que había que despertar cuanto antes. Había que hacer aflorar mis reservas.

Mi madre nunca reconoció su fe en el poder restaurador de la lengua, pero sin duda intuía el efecto que tendría en la vida de su hija. Susceptible de despertar en la niña su interés por el mundo.

Sin duda, yo ignoraba que la lengua de mi tierra natal, si bien tiznada de palabras gallegas y castellanas, era patrimonio de los nativos como yo. Por lo tanto, convenía aprovechar sus atajos verbales, sus murmullos furtivos. Porque, de lo contrario, estaría cometiendo un delito de lesa majestad. ¿Cómo iba a privar a su hija del sortilegio de la lengua?

Mi familia materna era inmigrante, bregaba con dos lenguas y sus respectivas culturas. Con todo, es probable que mi madre, Carmen, de natural exigente, sospechara que el buen uso de la lengua era un escudo que me podría proteger de los sentimientos que emanan del amor y la ira. Por lo tanto, debía llegar hasta las entretelas del lenguaje, que todo lo esclarecía.

En una ocasión, reconoció sin aspavientos la grandeza de Brasil, el país donde nací. Expresaba un sentimiento compatible con sus principios morales. Esa misma madre, la persona más elegante que he conocido. Así, ensalzando el país donde su hija había nacido, pretendía transmitir a sus descendientes los valores inherentes a esa tierra. Entre otros, el buen hablar, el discurso concienzudo. Tanto se empeñó en lograrlo que nunca volví a ser la misma a partir de entonces. Extraje de mis adentros la savia que contenía, según afirmaba mi madre. Empecé a practicar en voz alta frases, oraciones, palabras inusitadas cuya legitimidad, por otra parte, el diccionario corroboraba. Confirmando, asimismo, que estaba expresando aquello que albergaba en mi interior.

Mi madre se percataba de mi esfuerzo, pero no decía nada. Parecía hacerla feliz que su hija tomara conciencia de que la lengua iba a garantizarle la plena ciudadanía. Y sabía que, si no dominaba el idioma, jamás devendría la escritora que anhelaba ser de niña.

Carmen no se equivocaba. Y yo tampoco, porque abracé la idiosincrasia de la lengua lusa. Y en esta edad tardía me sigo equivocando, y acertando al no olvidar que escribo bajo la atenta mirada de Camões y de Machado de Assis.

21. Carta a Clarice

Amiga, en diciembre de 2020 Brasil y el mundo celebraron el centenario de tu nacimiento. No exagero al afirmar que otros países te rinden homenaje. Se debe a que tu obra hizo de ti una mujer universal. Tu efigie, impresa en diarios y revistas, muestra a una Clarice enigmática, bella, de ojos achinados, de rasgos ligeramente orientales.

Sé que mi deber es saciar tu curiosidad. Y contarte que tus admiradores, que desean brindarnos la ilusión de que sigues entre nosotros, inauguraron una estatua que te representa, de cuerpo entero, en el paseo de la avenida Atlântica, cerca de tu casa. Dicen que algunos la visitan esperando oírla.

No obstante, no puedo evitar hablarte de nuestras desdichas. La más reciente se refiere a una epidemia que se propaga por el planeta y amenaza la supervivencia de la especie. Su efecto es tan letal que ni la ciencia ni los poderes públicos pueden ayudarnos. Menos aún la tecnología, que anunció que seríamos inmortales. Ah, dichoso engaño.

Por orden general, llevamos meses encerrados en nuestros cubiles. Obligados a la soledad absoluta, privados de libertad y de pan, que escasea. Pero, sobre todo, obligados a soportar la carga de nuestras almas, cuya existencia ni sospechábamos. Esta clausura se asemeja a la de los monasterios medievales, pero sin el consuelo de Dios.

Me resguardo en casa. Desde aquí apunto consideraciones que expandan tus horizontes, simples fragmentos de la realidad actual, de la civilización brasileña. Te confieso que Brasil ha cambiado mucho desde que nos dejaste en 1977, tanto que apenas si distingo sus entresijos, la materia que nos constituye. Cómo comprender las transformaciones sufridas, si nuestra huella se ha ido extinguiendo, en consonancia con nuestra ansia de agraviar la identidad nacional. A riesgo de forjar una sociedad que quede a merced del caos.

Tal vez exagere, porque pierdo la dimensión de lo cívico, de lo moral, de lo institucional. Pero, como víctima del curso de la historia, la creciente intolerancia, el radicalismo ideológico, la corrupción desenfrenada, el escaso civismo me socavan. Por no hablar de la violencia urbana y doméstica, de la convicción imperante de que es más fácil odiar que amar.

Como hijas de inmigrantes que hemos sido, defendimos la justicia social en diversos momentos públicos. Creíamos que la educación y la cultura podrían sacar a los brasileños del aislamiento que la ignorancia conlleva, liberándolos con el conocimiento. Urge rellenar las lagunas creadas por las desigualdades sociales, y restablecer la dignidad humana. En este capítulo, por otra parte, los escritores siguen resistiendo igual que hiciste tú. Leales al arte, a la lengua, que clasifica los sentimientos según la carga poética de la sensibilidad patria. Junto con los intérpretes brasileños, y demás conciencias vivas, combatimos la barbarie que asola el mundo.

Lo que nos mantiene alerta, querida Clarice, es nuestra atracción por la lujuria del cuerpo y del espíritu, ese repertorio de placeres regidos por el don de la vida. Aquellos favores que nos protegen a pesar de la pobreza.

Te evoco a menudo. Hace poco más de un año adquirí en una subasta un cuadro tuyo, de los pocos que pintaste. No podía permitir que acabaras habitando una casa extraña. Lo he puesto al lado de aquel que hiciste en homenaje a mi libro *Madeira feita cruz*, y ahora proclaman juntos nuestra alianza, nuestra hermandad.

Cuántas aventuras vivimos en nuestros dieciocho años de amistad. Entre risas y lágrimas, acudíamos a tarotistas, ansiosas por saber qué nos deparaba el porvenir. Incluso en el hospital de Lagoa, días antes de despedirte, Nadir, tu adivina preferida, te recriminó que no presintieras la enfermedad que te llevó al lecho del hospital, junto al que te acompañé, como recordarás, hasta el instante de tu último suspiro. Yo te miraba e imaginaba a tu familia llegando al Nordeste, huyendo de los pogromos, haciendo frente a tantas penurias. Sin sospechar que la criatura que llevaban en brazos, amiga mía, un día daría esplendor a la lengua portuguesa, de la que se convertiría en maestra.

Aquí me quedo, querida Clarice, en tu Río, que, pese a ser aún hermoso, sufre los efectos de una peste que recuerda la que asoló Florencia en el siglo XIV. Pero tú cuídate, dondequiera que estés. Brasil y yo te agradecemos que seas brasileña. Hasta que volvamos a encontrarnos.

De tu Nélida.

22. El español en mi casa

El español se integró en Brasil en tiempos remotos. Pese a no existir pruebas, cuentan que, mientras se discutía el Tratado de Tordesillas, un harapiento buscador de esmeraldas, piedras resplandecientes, verdes como la selva, guardaba entre sus pertenencias un libro viejo y gastado, cuyo autor era nada menos que el poeta Quevedo, con el cual compartía el clamor de un alma poética, y el placer de ser compañeros de viaje.

Yo quería creer que, mientras aquel poeta llamado Quevedo edificaba el universo con la palabra, sospechaba que en algún rincón del mundo existía un Brasil que le era ajeno. Y que rindiendo homenaje, sin saberlo, a esta patria que es la mía, que evocando ese hipotético Brasil, con su talento lírico exaltaba la eternidad de su creación.

Dios sabe cuántas veces más habrá sucedido esto mismo a lo largo de la historia. Tengo la convicción de que todos los días nace un narrador que asume la labor de relatar la historia del ser humano. Lo cierto es que así fue como el canario José de Anchieta, a su desembarco en Brasil tras su paso por Coímbra, inició su relato, rechazando prontamente algunas normas impuestas por el Concilio de Trento. Como la de aprender una lengua vernácula, en lugar de imponer la de la metrópoli. Anchieta dominó el tupí-guaraní y se entregó al sacerdocio de la poesía. Tarea a la que consagró su vida y gracias a la cual fue el primer escritor brasileño. Un hombre que, pese a albergar el español en su seno, adaptaba su escritura al tupí-guaraní, la lengua que debía brotar legítimamente del suelo brasileño. ¿Acaso, precisamente, porque la lengua de origen estaría en consonancia con la voluntad de Dios al catequizar a los indios brasileños con los que compartía su vida y su fe?

Con todo, me pregunto cómo equiparar a Anchieta, consagrado ahora como un santo, con Daniel, mi abuelo, que pecó en su afán de ejercer su humanidad. Intento conciliar a Nóbrega, el fundador de São Paulo, con la humildad de una familia gallega que, tras instalarse en Vila Isabel, juró no marcharse jamás de Brasil. No dar nunca un solo paso que los llevara de vuelta a España, gracias a lo cual no nací allí.

Como escritora, mi labor reside en especular sobre el caos histórico, en fin, sobre los conflictos que asolan a la humanidad. Esto me permitió atesorar desde muy pronto los suspiros españoles de mi abuela Amada, los lapsos lingüísticos de mi abuelo Daniel, los tropiezos de cuantos se sentaron a la mesa del patriarca y disfrutaron de la abundancia que América les brindaba, relegando al olvido la miseria europea que los había expulsado a principios del siglo XX. ¿Tiene esto sentido, o es acaso un disparate? Pero ¿qué más da la lógica cuando hablamos de la vida? ¿O es que semejante presunción concierne únicamente a teólogos, a sociólogos, a expertos facultados para realizar una exégesis de la vida con el fin de restringirla?

Como tal, soy hija de esas lenguas que se establecieron, heroicas, en mi casa gallega y jamás me abandonaron. Me concedieron el derecho a ejercer mi libertad. Amén.

23. El lenguaje del corazón

¿Quién inventó el lenguaje secreto que impulsa a mi corazón a crear? ¿Quién lo arrancó de la tierra, mediando Deméter, para permitirme distinguir el trigo de la cizaña? Y así poder comprender lo oculto en el misterio de un volcán cuya lava es el fuego de la palabra.

24. La carga

Llevo a cuestas la carga de la humanidad. Sus historias me pesan. No consigo liberarme de las levas de visigodos, celtas y demás pueblos a los que los romanos encomendaron difundir las lenguas que pronto surgirían del latín.

Imagino caravanas enteras diezmando cuanto hallaban a su paso, como langostas del desierto, hasta que un buen día asentaron sus despojos y conquistas sobre el suelo que habría de ser su patria. Un pueblo inhospitalario, pero imaginativo, del que descendemos. Pero ¿es acaso este el periplo de unos esclavos que, bajo la apariencia de bárbaros, expandieron su poder, y hoy dirigen el destino del mundo? ¿Es posible que siempre haya sido así, que, acumulando destrucción, cadáveres, ruinas, cuantos despojos hallaran, esos mismos pueblos erigieran dioses, religiones, naves y fortificaciones, y levantaran los pilares de la civilización?

Siendo niña comprendí que esas etnias que habían dado origen a otros grupos estaban arraigadas en mi imaginación. Y, pese a las escasas evidencias, tejía artificios y enredos, salvando absurdos que se resistían a mi ingenio. No perdía de vista que todos, fuéramos de la época que fuésemos, veníamos de la caverna, y que una parte de nosotros despedazaba a sus enemigos usando la fuerza de la mandíbula, como los primates.

Ahora muchos inventamos un dios. Somos monoteístas, pero no por ello seguimos sus postulados, o toleramos el concepto de salvación.

Hace poco leí que Margaret Atwood predicaba la necesidad de recuperar la utopía para salvar a la civilización; pero lo utópico son sus palabras.

¿Cuándo ha estado a salvo el mundo, cuándo ha sido un lugar pacífico, cuerdo, cuándo ha salvado a sus enemigos y ha amado al prójimo? Sin embargo, si observamos la trayectoria que han seguido las culturas, asistimos a la más cruel de las realidades, reflejada en un pasado que no solo no redime a la especie humana, sino que entraña una implacable carga.

25. La belleza

Cuando se concedió sentido político a la belleza, se cercenaron sus efectos, buena parte de los cuales surgieron de la humildad del corazón popular. De este modo, lo bello quedó restringido al juicio estético, como si únicamente aquello que reside en esta esfera mereciera pasar la criba de la emoción. Cuando sugiero que la belleza me emociona, me remito a mis propios sentimientos, que para mí son privados, y no públicos. Pues están sujetos a las reglas de mi ser profundo, de mi ideario moral. Cuando reivindico la libertad de pensamiento, acepto lo feo, lo sombrío, lo grotesco, cualquier elemento que me inspire piedad y comprensión. Por lo tanto, corresponde a cada cual reformar, desde su intimidad, el concepto canónico de lo que es bello. Oponerse a la institucionalización de la belleza. Ese puñado de conceptos estéticos que colonizaron el humanismo.

26. Fabulación

La fábula es fruto de la inventiva. Saca a la luz nuestros adentros. Tal vez sea la prueba de la existencia, el legado que faltaba para redimensionar lo que pensábamos. Este ideario inventivo del que ahora les hablo evoca, escucha, preserva los vestigios de las civilizaciones, muchas ya sepultadas y que las excavaciones arqueológicas ponen al descubierto. Por mi parte, cuando cosecho sus ecos, advierto que me cuenta cualquier cosa a medias, que no reproduce a la perfección quiénes somos, y yo debo completar lo que falta.

La fábula existe en los versículos bíblicos, en los versos de los trovadores que intentaron resumir el pensamiento humano contenido en el deseo que les despertaban las mujeres castellanas. También en los epígrafes de los perversos que propagaban la deshonra ajena.

En mis páginas, entre amagos de placer estético y cierta tristeza que me desalienta en momentos sombríos, he transcrito fragmentos íntimos. ¿Se trata, no obstante, de una fabulación ilícita que, a guisa de mosaico, saca a relucir recuerdos asimétricos, cromáticos? Un arduo esfuerzo por labrar el texto con el rastro de migas del pan que en ese momento comía. Rastros que dejé caer al suelo, que confirman que estoy hecha de aventuras, de la audacia de haber vivido.

Esta suerte de idea contiene asimismo pinceladas dramáticas, puede ser teatral. Reparo en que, pese a lo escénico y singular, albergo en mi seno rasgos colectivos que reproducen detalles de la existencia ajena. Actúo como alguien que al excavar la tierra descubrió Troya, que habita en mi imaginación. La ciudad de Príamo siempre me ha engañado al hacerme creer que me había desenterrado a mí misma.

En alguna página he insinuado que en el pasado debí de ser un aedo, un poeta al servicio de la memoria homérica. Al igual que ellos, yo tampoco quiero olvidar nada, necesito comprender las circunstancias. De ahí que evalúe a los autores que leo, el fervor con que fabulan, pues ponen a prueba nuestra humanidad. Me hacen saber lo mucho que dependo de ellos para renovar mis votos de vida. Mi biografía es insuficiente, me siento completa cuando me vinculo al mundo, cuando fabulo hasta la extenuación. Solo entonces soy el otro.

27. Palabras al viento

Me duele llevar la cultura a cuestas sin ser una parte intrínseca de esta. De poco me sirve ser hija de Homero, Shakespeare, Cervantes, Camões y Machado y, aun así, sufrir toda clase de disgustos y humillaciones por el simple hecho de formar parte de esta especie.

Sin embargo, me ayuda saber que la cultura siempre está cerca, como una vecina, junto a la patria del corazón, y sé lo mucho que duele ser mujer y mortal. Adentrarme en los traicioneros caminos del pensamiento, escribir mis libros. Defender la primera o la tercera persona en cualquier narración.

Sin duda, la mujer aloja en su seno un repertorio protegido y desafiante que exige una interpretación. Para sí misma y para el mundo. Pues su acto de pensar, dada su recóndita originalidad, deambula por una zona de sombras donde su enigma se refugia, a la vez que la engalana y la perturba.

Como escritora, reconsidero cada palabra que adelanto, una vez asimilado el concepto. De este modo, soy yo quien apresa las palabras de todos para convertirlas en cosecha propia.

Me hace bien reconocer mi impericia y mi imprudencia. De mí depende tener valor para rectificar cuanto escribo en cualquier momento, desbaratar la palabra.

¿Y quién sino yo es responsable del peso de las palabras? Aunque me amordacen, o pretendan purgar un texto que emanó de la boca de una criatura de mi especie. Puedo aceptar de buen grado una derrota que no fue consignada por mí. Pero el hecho de no renunciar ya es un triunfo.

El arte se asemeja al tronco de un ser humano. A los miembros que componen el mosaico de nuestra carne. Es parte de su esencia añadir al poliedro narrativo lo que antes no existía. Adoptar versiones resultantes de dominar la escritura. La creación no es didáctica en sí misma, su ímpetu no instruye. Yo misma me someto a la experiencia de una estética sujeta a ajustes radicales en pro de la belleza textual. Bajo la influencia de la sorpresa que me producen los ornatos resultantes de la cosecha verbal.

En medio del torbellino, escruto la raíz poética del texto. La carne verbal que define al prójimo, que es una réplica de mí. En un intento de familiarizarme con los fundamentos del mundo. Me emocionan la vivencia humana y sus argumentos ocultos. Afronto la realidad, asumiendo el reto de inventar. De fraguar la vida, aunque en ese instante esté pelando patatas.

En cuanto a lo prosaico, siento pena porque un día tendré que dejar atrás los objetos de mi casa. Quedarán huérfanos. Cada uno de ellos encarna a una persona que he amado. Me llevan a pensar que, en los dominios del hogar, esos bibelots y yo fingimos ser felices. Esa Nélida que se introduce en el bolsillo algún utensilio doméstico mientras sala la masa del pan como si fuera a inventar una nueva forma de matar el hambre.

Cuando anochece, hago una lista de los bienes de mi vida. Protesto cuando exijo, cuando argumento, que no jueguen con mi cabeza, entrenada para pensar y anticipar el futuro. Debo designar un sucesor.

28. Aventuras

Solía fantasear con las aventuras que algún día viviría. ¿Cómo sería yo en los próximos años? ¿Estaba destinada a permanecer junto a alguna de mis tías, junto a cualquier otra persona, escuchando historias que yo no había podido vivir? ¿Me convertiría en un simple instrumento de la voluntad de Dios, despojada de mi instinto rebelde?

En esa jurisdicción de los Cuiñas, yo sabía que era brasileña, que una nacionalidad me protegía. Cuando preguntaba dónde había nacido, todos ellos garantizaban mi origen. Y yo me quedaba tranquila. Pero no debía olvidar que descendía de una aldea gallega, que en mi imaginación confundía con las Argólidas griegas, pues creía que era una tierra propicia a mitos y dioses dados a martirizar a los humanos. Así, acepté que mis fabulaciones estuvieran ligadas al pasado familiar. Gracias a las huellas ancestrales que había heredado yo era parte de muchos pueblos. Todavía hoy los exploro, los invento, los transformo en una argamasa eterna. Me explico a mí misma la esencia de esas almas doloridas. Pero sigo escribiendo las mismas líneas que esbozaba en la infancia. Recuerdo la costumbre que tenía (y que en el fondo nunca perdí) de reclamar encarecidamente la atención de mis tías.

29. Ser brasileña

Muy pronto descubrí que ser brasileña trascendía mi persona. Me obligaba a convivir con vivos y muertos indistintamente, aun cuando muchos no fueran de mi propia sangre. Al fin y al cabo, dondequiera que vayamos, llevamos a cuestas la historia del país, sus tragedias y sus fracasos. Con cualquier pretexto, cualquiera de ellos me impondrá su fonética, su acento, su comida, lo que se llevó a la sepultura, lo que fue su existencia. De este modo me trasladarán la responsabilidad de sus recuerdos, de cuanto dejaron atrás, fragmentos de sus mitos, de sus sagas. Por no decir que, por medio de la sangre y de las leyendas compartidas, como un árbol de ramaje prehistórico, crearon un vínculo con sus vecinos, con su barrio, con Brasil, formando así una genealogía indestructible.

Pero ¿qué significa ser parte de esta legión? ¿Acaso debo preguntar a los desconocidos que pasan por nuestra calle, donde viví hasta los cinco años, o incluso antes, cuando me mudé a Copacabana, cerca de la plaza Cardeal Arcoverde? ¿Y llevar conmigo exiguos recuerdos que la vida había depositado en algún rincón para poder narrarlos después, o para tener algo que contar en lo sucesivo? Ah, los recuerdos eran cada vez más intensos, apenas sabía qué hacer con sus despojos sino arrastrarlos hasta mi corazón.

Yo crecía y siempre regresaba al rincón familiar de Vila Isabel, que en ese momento incluía Copacabana, la playa a la que mi padre me llevaba para buscar pulgas de mar en la arena mojada, donde abundaban. Yo iba hablando durante el trayecto, y qué extraño se me hacía. ¿Y adónde iba el corazón? ¿Yo descendía de todas las tribus de la tierra? Pero

¿cuál es mi verdadera patria, la única que llevaré conmigo cuando me despida para siempre? No hay otra sino Brasil. Solo en él mi silencio aúlla, se expresa, es poético, habla de lo que necesito. Apaga el fuego con el ardor de mi propio fuego. Mis quejidos anuncian sentimientos que, aunque se están formando, ya son conciliables con las necesidades humanas.

A lo lejos, en el horizonte atlántico que tanto me fascinaba, divisaba nuevas tierras que algún día visitaría. Pero sin escatimar el pan y el cariño que mis padres me daban. Y todo era misterio.

30. Una simple quimera

Soñar es posible. Se confunde con la realidad. Lo mismo sucede con la quimera, una de las caras más irreprochables de la verdad. Por ello, si se me concediera vivir con una voz prestada, aunque fuera por unas horas, pediría la de Maria Callas, y no la de Renata Tebaldi, a la que adoraba de joven. Me costó mucho apreciar a Maria Callas, no era capaz de entender los dos mil años de tragedia griega contenidos en su timbre divino.

Fiel a mi oficio, jamás dejé de escribir. Pero el canto lírico me interesaba, así como la exuberancia del escenario donde se desplegaba el drama, que siempre asimilé como parte del espectáculo humano. Al final no he sido Callas ni Tebaldi, y es mejor así. Las palabras que escogí para habitar en el ámbito de lo textual me salvaron, son los pilares de mi ser.

Movida por el poder irradiador de las lenguas, sigo pensando que el lenguaje, además de humanizarnos, reverbera su propio timbre en los escenarios de la existencia. Todas las palabras, con sus propios ritmos, agudos y pianísimos, operan con su diafragma secreto. Su repertorio contiene un coro universal, celestial incluso. También corifeos. Digan lo que digan, aun cuando se traban, exhaustas y vacilantes, su sonoridad es celestial. Es Dios en sí mismo, que presta su voz a los humanos para que puedan consumar los designios del corazón.

Somos rítmicos en nuestro llanto, en el estertor de la muerte, en la exuberancia de nuestros sentimientos. El alma es melódica, su partitura contiene notas sonoras al servicio de las lágrimas y la memoria.

Lloro cuando escucho a un mendigo, a un poeta, a cualquier desdichado pronunciar la frase que engendra la materia que aprisiona a mi ser. Esa profética que surge de los padres del desierto, o del púlpito de Antônio Vieira con sus sacros alardes. Siempre que las cuerdas vocales del pueblo lo aprueben.

Qué magnífico empeño encierra la reverberación de la palabra. Esa lengua contenida entre las paredes del hogar, junto a los incunables, que dejaron la impronta poética de animales y criaturas de otras épocas. Fueron y son lenguas y dialectos que, desde su lugar en el horizonte, acompañan al alma, y no se pierden.

31. El arte de inventar

Respecto a lo que este me asegura, me pregunto por qué me es tan necesario este arte que obra en mí de un modo tan fundamental. Que me mueve a renunciar a las pompas de la dicha que sosiega a los inocentes. ¿En qué momento resolví vestir este cilicio que me mortifica y que, aun así, inflama mi imaginación?

No sabría responder por él. Así que aguardo su respuesta para que me guíe. Sin embargo, calla. Y yo respeto su silencio. Espera que abra los poros de mi cuerpo para que la imaginación penetre y dicte lo que necesito. Es la pira de la humanidad furiosa. Y no sé qué responder.

32. Soy de América

No es casualidad que naciera en Brasil. Los dioses decidieron que me abriría paso a la vida en una casita de la calle Dona Maria, porque Carmen, mi madre, insistió en evitar el hospital cuando se puso de parto.

Soy del litoral atlántico y, desde esta orilla, contemplo una tierra que me brinda un paisaje prodigioso. Como si cuanto existe fuera de nosotros también nos perteneciera. Como si formara parte del carácter de quien habita un continente.

Nacer en un lugar concreto no es nacer en el mundo, lo sé. Es ser esclavo de la idea de que una patria nos domina, que nos somete. Pero, de no ser así, ¿qué querría ser además de brasileña? ¿Querría otro pasaporte y liberarme de las cadenas de mi patria? Jamás, pues amo quienes somos. No hay nada en esta tierra que quisiera borrar de mi memoria. Salvo cuando el poder maltrata al pueblo y humilla a la ciudadanía. Sobre todo cuando fomenta los delirios del país oficial. Bajo estas circunstancias, abrazo lo posible, que ya es mucho. Algo que me incita a la plenitud de la existencia.

No obstante, por mi coyuntura familiar, el sentimiento ibérico pesa mucho en mi configuración cultural. Sin perder de vista la materia mestiza que me compone. No soy india, no soy blanca, no soy negra, pero soy la belleza que heredé de cada uno de ellos. Heredé diversos rasgos de pueblos remotos. Quién sabe qué grupos humanos recorrieron el mundo en busca de animales que cazar. Entonces me comporto como si descendiera de todos ellos y adopto sus actos y sus gestos. Y soy bárbara como ellos, y civilizada como también lo fueron.

Dondequiera que esté, siempre hablo desde Brasil, aunque esté de visita en Extremo Oriente. En este país se decidió que yo naciera en Vila Isabel, un barrio más grande que el propio Brasil. Cuando menos, esta dimensión me invade el alma, y en ella echo raíces gruesas e inexpugnables. Y notas musicales de los sambistas, esos bohemios que eternizaban la noche hasta el amanecer al entender la vida como algo fugaz y pasajero.

Como cualquier hijo de vecino, antepasados y recién nacidos vinimos de lejos. El que no se ahogó en el Atlántico llegó indemne a esta costa y, para sobrevivir, sembró mandioca, maíz e hijos. También había que sembrar sueños. Sin embargo, las tierras que se dejan atrás no se abandonan. Extrañas latitudes al otro lado del ecuador. No sé si, como yo, siempre andan en busca de la última gota de sangre derramada en sus aldeas, para comprender. Pues casi no sé nada de mí. Y menos aún de mis seres queridos, con quienes compartí tantas veces un plato de comida y la cama.

¿Está maldita mi sangre, que subió a bordo de un barco para dirigirse a todos los rincones del mundo que fuera posible, o aconsejable, y sembró ilusiones en territorios ajenos? ¿Acaso debo a estos tránsfugas, bucaneros, poetas y asesinos mi inclinación al desorden, al caos que me asalta, a mí y a quien esté cerca? Todo cuanto el dichoso ser humano no ha sido capaz de expurgar, aun siendo trascendental, y que hace de la vida un cúmulo de oro y excrementos. Y, a la par, sustancia inconsútil.

Abrazo mi linaje gallego, mi cabaña indígena, mi tienda africana. Porque me precio de ser universal, y porque debemos la base de la humanidad a nuestra diversidad.

Esa masa carnívora que se integró en mi ser está preñada de misterios. Me hace tener fe en la perturbadora argamasa que me configura. Sin embargo, y puesto que en mí confluyen todos los pueblos, rehúyo la inequidad y cultivo las bondades del arte fraguadas a lo largo de milenios. Así, igual que san Antonio en el desierto, acurrucado en el tronco de un árbol, lucho por usurpar la efigie de todos los misterios.

Pero ¿qué nos falta para celebrar la vida, olvidar los males que nos abaten, preparar el equipaje y echar a volar? Sin renunciar al pan que se ganó con esfuerzo, sin rechazar cuanto afianzó el espíritu depauperado de la comunidad, que mitigó el temor a los amaneceres trágicos, algo que refleja cómo es el mundo.

33. Otra vez la lengua

La lengua lusa se infiltra en las profundidades de mi cuerpo. Lo mismo que ella, soy nómada, atesoro crisálidas y páginas por escribir. Como experta de la palabra, proclamo frases sublimes e improperios. En mi nombre, la lengua acoge el arrebato apasionado. También pertenece a quienes la maltratan pero saben dar sentido poético a lo cotidiano. Hacerla florecer a cada hora del día.

Sucumbo a la irradiación de la palabra y de la carne, que me dispersan porque están en mí. Es lo que siempre he querido, una lengua que emigra con la intención de crear. Suerte la mía.

34. Paisajes

La ficción es la cartografía de mi alma. Sirviéndome de sus regalías, expongo lo que su espacio abarca y lo que el tiempo absorbe. Entonces introduzco paisajes, viajes, mapas, escenarios aleatorios, crímenes, duelos, cuanto sea válido una vez escrito.

El arte que surge de la escritura imaginativa pertenece al dominio público. Abarca un repertorio amplio, específico y abstracto. Entre otras cosas, la conciencia del bien y del mal, o una memoria repleta de equívocos y versiones contradictorias. Una materia que se cristaliza en una estalactita que registra, gota a gota, los días y los años.

Me sirvo del lenguaje para describir el mundo y los sentimientos. Es de índole poética, transita por el imaginario de la carne, por el realismo del placer y de la bestialidad. Y cuento con la trama subjetiva que subyace en las galerías secretas.

Como novelista, mi timbre narrativo es coral. Ya sea en primera o en tercera persona, aborda regiones profanas y sagradas con la ilusión de apaciguar al rebaño humano.

35. Afiliada al arte

Me pregunto cómo me afilié al arte tan temprano. El arte que descubro donde menos lo esperaba. En los corrales, en las ubres de las vacas, en el trabajo del campo, en el canto de los humillados, en la pincelada del pintor de brocha gorda, en el amor con el que se pule la piedra que antaño se empleaba en las catedrales. A cuanto pierde valor y la elite académica rechaza. De una materia inhóspita, pero que amo y venero. Sé que una sonata emerge de un grito de socorro, que de una olla de *feijão* resultan exquisiteces propias de Luis XIV, y poco me importa lo que puedan pensar de mí. Con la edad me entrego a la humildad y corto de raíz la arrogancia, la mía y la de compañeros engreídos que creen ser los amos de la inspiración de Shakespeare y Cervantes. Y es que ¿dónde sino en la miseria humana hallaron estos autores sus retazos literarios? Basta de tanta vanidad, hay que leer el Eclesiastés y aceptar la degradación que esconde el cuerpo de cada ser humano.

Hace poco pensaba que suelo presentarme como una persona intacta, correcta, bien vestida, con lo que me distingue, pero en la profundidad de mis vísceras se aloja la muerte. Pero ¿no es así con todo el mundo? ¿O acaso es legítimo imaginar que alguien está a salvo de la adversidad, del santo sepulcro?

De niña me fascinaban los secretos que brotaban de allí donde menos lo esperaba. En medio de la sencillez de mi casa y de mi barrio. No eran misterios de la Antigüedad clásica, y además pretendían permanecer para siempre. Eran brasileños, tenían que ver con mi origen, con cuanto me era próximo, por lo tanto, susceptibles de ser interpretados. Aún no los había identificado con los personajes que pronto brotarían de mi imaginación. Y es que no tardaría en parir a algún desconocido al que bautizaría inspirada en la genealogía del Antiguo Testamento. Pero el mundo ya me cautivaba, ya sentía el ardor de la emoción de vivir.

Esas criaturas a las que me enfrentaba eran genuinamente brasileñas, pero contenían fragmentos del inmigrante, pues eran los mismos que habitaban mi casa. Personas con las que compartía la espléndida mesa de mis abuelos.

Quizá esos personajes surgieran de la escena de Cinelândia, cerca de mi imaginación. Para entonces ya conocía el teatro, al que iba con mi madre. Ya había convivido con aquellas personas que ocupaban los escenarios de mi vida, actrices y actores de mi tierra, expuestos sobre el estrado, ante los que yo, viéndome obligada por tanta muestra de talento, cedía mi sensibilidad al cuchillo. Todavía hoy, esta casta de juglares del medievo me hace tener fe en la ilusión del arte.

36. Susan Sontag

Durante un encuentro en la Universidad de Duke como parte del jurado del Premio Neustadt, Susan Sontag y yo sosteníamos largas conversaciones en las horas libres. Una tarde en su *bungalow* del campus universitario, le expresé mi extrañeza porque no conocía a ningún autor brasileño. Ella me preguntó al respecto con una sonrisa irónica. A mi vez, yo le sonreí a modo de contraofensiva, de forma que se preparara para la derrota.

De entrada, expuse un breve preámbulo sobre la identidad brasileña. Le hablé del poderío conquistado por la lengua portuguesa desde Camões, algo que ella ignoraba. Puesto que contaba con su atención, me referí a algunos autores y, cuando mencioné a Machado de Assis, me detuve. Si mi voz había sido persuasiva hasta ese momento, a continuación adquirió un timbre relativamente feroz. No había modo de perder aquella pugna amistosa. Con cada palabra que pronunciaba sobre el autor carioca, profesaba mi amor por él. Durante la larga conversación iba convenciendo a Susan Sontag de la existencia de un fenómeno estético dimanado de la pobreza brasileña en el siglo XIX, durante el Segundo Reinado, bajo la corona de Pedro II. Para recalcar la importancia de Machado, sin duda el primer genio urbano de las Américas, ensalcé la figura de José de Alencar, que tuvo la audacia de incluir en sus narraciones a personajes indígenas de carácter legendario. Aludí a otros autores que, bajo el prisma de una nacionalidad incipiente, engendraron relatos sobre etnias y clases sociales diversas, con esclavos, manumisos y señores. Y agregué a mi argumento que sus obras literarias no eran meras réplicas de los modelos colonizadores.

A medida que fui descubriéndole Brasil, se fue relajando. El país que yo amaba, poco propicio a cuestiones culturales. Años más tarde, cuando me sugirió que probara suerte literaria en el extranjero, porque aquel país tardaría en reconocerme, no acepté el consejo. Nunca renunciaría a Brasil. Ahora bien, un par de años después, Susan Sontag publicó en la revista *The New Yorker*, y con inmenso talento, un espléndido artículo sobre Machado de Assis. Con él se ganó el cetro de la grandeza.

37. Camões

Con Sagres en mente, he de llegar a Lisboa en busca de los caminos que tomaron los miserables. Mis personajes son hijos propios, y asimismo precursores de mi origen. Sé que aquel Poeta en harapos me seguirá doquiera que vaya, movido por el impulso desesperado de su imaginación. Nadie es capaz de crear sin el tormento del azote. Camões sabía que cada verso le arrancaba un pedazo del cuerpo, y poco le importaban los miembros que pudiera conservar.

Murió siglos antes de llegar yo a Lisboa. Fui del aeropuerto directamente al piso que alquilé para un año en el barrio de Benfica, en una calle que lleva el nombre de un viejo amigo, Alçada Baptista, cerca del estadio del Benfica, la pasión nacional.

No obstante, pese a estar enterrado en los Jerónimos, en un sepulcro sobre el que Osvaldo França Junior y yo depositamos una corona de flores en nombre de Brasil, el bardo seguía estando vivo para mí, y solo moriría después del último que usara su lengua. Mientras existiera alguien que hablara en portugués sobre la idiosincrasia humana y cantara loas a la vida, Camões no se doblegaría a la muerte. Todos los días encuentro pistas, que el Poeta inmortal me deja para que no me pueda perder. Las reconozco. De tanto que amo a este hombre, que al haber perdido un ojo veía el mundo a medias, escribí un cuento basado en uno de los cantos de *Los lusiadas*. Con qué ardor y espíritu misericordioso avancé por las páginas sin temer el castigo de nadie.

Me empeñé en preservar las maneras secretas que supuse que existían en *Los lusiadas*. Por respeto al Poeta, procuré soslayar la tradición camoniana que le concedían los Maestros. Solo había que darle un aspecto moderno, trasgredir versos y episodios consagrados, adaptar lo épico a la historia que cada cual había decidido contar. Solo estaban prohibidas las restricciones. Y, aunque alguien desfigurase elementos del poema o actuara como un iconoclasta, cada palabra escrita era un ardiente homenaje de los escritores a los que debemos la trascendencia y soberbia de la lengua portuguesa.

Leí a Camões de forma atroz. Su epopeya hizo de mi vida en el colegio Santo Amaro un infierno, así como de los ratos en que me encerraba en casa a leerlo. Utilizábamos sus textos para realizar análisis sintácticos, bajo el pretexto de adentrarnos en los entresijos del idioma. Como si los profesores albergaran un deseo deliberado de hacernos odiar unos versos que me parecían inabordables. Si me salvé del sacrilegio de odiar a Camões fue porque decidí que era una lectura imprescindible si realmente quería ser escritora. Con esto en mente, poco a poco fui desentrañando el meollo del poema, hasta que me deslumbró. Y llegué a la conclusión de que ninguna otra lengua sería tan útil a mi imaginación y a mis aspiraciones creativas como la que me brindaba Camões.

38. El voltaje de la creación

Las historias que he elegido narrar son tensas, de tenor lacerante. Con la vorágine de la palabra y la imaginación enlazadas como telón de fondo. Sus entrelíneas definían los límites de lo real y lo invisible, reunían las claves de la realidad.

Ahora bien, ninguno de mis libros tenía parecido alguno a un tratado o a una tesis académica. Las bases daban prevalencia a lo quimérico, realzaban la soberanía de lo imaginario, capaz de dar credibilidad al ámbito de lo ficticio. A expensas de los subterfugios ideológicos, realzaba la agitación humana de las sustancias que favorecen el acceso a la verdad narrativa.

La verosimilitud del texto concede una vida civil a los actores de novela. Una lengua, una nación, así como un infierno poblado de animales y personas. Las paredes de un hogar entre las que se desarrollen una trama y unos protagonistas abrumados por la culpa y las utopías.

La investigación pone en entredicho la novela histórica. Cuando, en mi caso, ninguna de mis obras publicadas es histórica. Tampoco considero del todo históricos libros como los que Dumas publicó en el siglo XIX. Un escritor de aventuras que desafía su adhesión al género al agotar sus recursos de lo imprevisto presentando como héroes a los tres mosqueteros, que fueron cuatro. Tampoco escatimó sus conocimientos del lugar y de la época para situar mejor a los personajes en París, en la Francia cortesana. Lo importante era entrelazar la deliciosa frivolidad de D'Artagnan con las perversas artimañas del cardenal Richelieu.

Apenas conozco las directrices de la novela histórica moderna, qué guía su desarrollo. Mi formación literaria se rige a veces por un realismo provisto de referencias temporales y espaciales que me proporcionan nombres, fechas, localidades y contextos iconográficos. En definitiva, una identificación con el entorno, sin encadenar a los personajes a un linaje o a una corona de laureles. Con el simple pretexto de que comprendan los riesgos de la existencia en medio del esplendor de la miseria.

Mis signos y estrategias siguen mis designios. Ni hombres ni mujeres tienen formato previo. No son simulacros. Por nada renunciaría al reino literario ni a los miles de portales que me dan acceso a la memoria universal, a un fabulario desbordante, sin limitaciones. El advenimiento de la imaginación, en cuyo epicentro, bajo su sombra, me inunda en un instante la luz redentora.

Sigo dedicándome con fervor a los estudios históricos. Conocer el pasado mejora mi humanidad todavía hoy. Pero no suscribo la opción histórica. Me decanto por la agitación individual de mis personajes, algunos vinculados a las gestas, a las sagas, a los nibelungos milenarios. A merced de los apremiantes virajes de las penurias, de las emboscadas de la realidad.

39. Voces que resuenan

Dentro de mí resuenan voces. Me enredan con cierto grado de seducción. No siempre entiendo lo que me transmiten. No sé si provienen de muertos que insisten en estar presentes, o de timbres contemporáneos que vociferan, descreídos del valor de las palabras.

Creo, sin embargo, que la vida no se agota con la postrera despedida. Cuando alguien parte, deja atrás un furioso diapasón capaz de perturbar la paz universal. No sé qué decidir frente a la eternidad. Alterno mis convicciones actuales con las que han de aflorar mañana. Así no sufro ningún ideario religioso, ni del Estado, que quieren que me rinda.

Tengo la gracia de escuchar y olvidar. No abuso de las reservas de la memoria. Cada vez tolero menos el tormento ajeno. Por favor, dejadme tranquila en mi lugar, entregada a un destino incierto, que asumo sin más. Pero ¿por qué algunas voces exigen mi atención como si lo que me dicen tuviera algún valor? ¿No sería mejor silenciar para siempre frases dichas sin ton ni son, aletargadas, de procedencia dudosa? En definitiva, sonidos que acaso pudiera necesitar, que me aseguraran el fervor de los prodigios.

Sin embargo, esas voces nunca me han asustado, pues no creo en sus efectos. Puedo, en cambio, introducirlas en alguna historia, concederles valor narrativo. Presentarlas a las tías que antaño tejían historias conmigo. A su amparo, me agarraba a las ascuas de la imaginación, que jamás me abandonaron. Las vicisitudes ajenas están a mi servicio.

40. Portavoz

Hace mucho tiempo que soy portavoz de acciones colectivas. Poco a poco he ido esbozando el retrato de un prójimo con una fisonomía compatible con mi historia. Cuando investigaba sus facciones, me miraba al espejo y utilizaba mi rostro como referencia. De este modo me atenía a la función estética de fundirme con la humanidad.

Así es, trataba de dar vida a algo que todavía era amorfo, desprovisto de venas, pero en la inminencia de convertirse en pensamiento y, por consiguiente, en personaje. Al que luego añadiría rasgos identificables, idiosincrasia, una falta de decoro. Un personaje, al fin y al cabo, concebido bajo la influencia de la imaginación.

Poco después, mi labor planteaba desafíos. Cómo conceder a esta criatura un par de piernas, de brazos, con proporciones dispares. Hasta que estuviera en consonancia con su alma. Pero su cerebro debía adaptarse a mi creación. Y este sería la región más ambigua e indomable, creada acaso sin que yo fuera consciente.

Aprendí que, cuando creaba, retrocedía y avanzaba haciendo pequeños progresos. Adaptaba mi esqueleto al texto que nacía con malicia y subterfugios, si bien de manera apasionada. Había perdido la inocencia, solo yo podía perdonarme. Siempre en soledad, acomodada en mi despacho, con el escritorio, la pizarra de la pared e innumerables bártulos a mi disposición. En este rincón fluyen la imaginación, la palabra, la audacia. Tecleo con cierto ímpetu, despierto las letras, argumento con la vida y la leyenda. Con cuanto roza el misterio, lo sublime. Ansiosa por saber qué surgirá de mí, de mis impulsos carnívoros.

Lo importante es que sigo siendo escritora. Y nadie me arrebatará ese distintivo.

41. De qué me enorgullezco

Ansiaba concebir personajes surgidos de la nada. Incorporarme en ellos por medio de unos pocos rasgos, de elementos sutiles. Para tener ante mí, a partir del vacío, un Pedro complejo, una Maria antagonista. Y no poder eliminarlos de la escena a la que ya había dado inicio.

Al fin y al cabo, había intervenido en el destino dando vida a alguien sobre quien yo había perdido el poder para eliminarlo de la historia. Y es que, cuando inventamos, creamos un arma de doble filo. Yo dotaba al personaje de un timbre propio de un cantante de ópera, o de una soprano revestida del drama acorde a la trama. Modulaba cuanto decía, pulía sus excesos o realzaba sus suspiros, los susurros, la sagrada emoción que distingue a los humanos. Todos, personajes y yo, estábamos sujetos al protagonismo del relato.

Creo que mi interés inicial por la literatura residía en mi convicción de que los libros estaban escritos por personas que habían vivido esas mismas peripecias impresas sobre el papel. Y que, por lo tanto, la función del escritor quedaba reducida a una experiencia personal, sin pasar por la criba de la invención. Como si fuera una casi-vivencia mimética que me inducía a creer que el libro copiaba la vida, que había que irse de casa para vivir la intensa emoción contenida en cada página.

42. Sesenta años atrás

La vida es fragmentaria. No obedece a una secuencia previa dispuesta sobre la mesa como un mapa. El drama y la comedia se suceden ante el aplauso de Dios. Y de brujas invisibles que se exceden en sus propósitos de instalar el mal sobre la tierra.

Las secuencias posteriores iban aflorando de forma sutil, persuasivas, casi insidiosas. Trasladándome la idea de que es imposible expulsar la literatura de la vida de quien bebió de su misterio. Pues en mayor o menor medida entra en su corazón, lo hace por la puerta delantera, y ya no hay modo de expulsarla.

43. Mi primer libro

Escribí los originales de mi primera novela, *Guía-mapa de Gabriel Arcanjo*, a los diecisiete años. Poco después, entre vivencias y ensoñaciones, fui aprendiendo a realizar cambios, aunque sin dilapidar la esencia poética del texto. En el transcurso de ese proceso, asumí enormes riesgos hasta la publicación del texto en octubre de 1961. Pagué un alto precio por mi originalidad, pues fui sometida a un conservadurismo estético cuando era una joven audaz, independiente, que aparecía en la escena literaria sin ninguna protección oficial o de grupo. En contrapartida, ese libro que me estigmatizó me enseñó a afrontar el mundo literario con espíritu indomable, sin medir las consecuencias prácticas. Me preparó para respetar mi tendencia, para abrazar cuanto surgiera de mi epicentro creativo. A esa primera obra debo insumisión, soberanía, audacia creativa.

44. El árbol de la vida

De niña me bastaba con trepar a las ramas de un árbol e instalarme en la copa, hacer de aquel lugar acogedor la cumbre perfecta para la lectura. Allí me pasaba horas. Ningún otro rincón me garantizaba la legitimidad del libro. Mis lecturas traducían una realidad al alcance del ser humano, convivía con héroes y villanos. A veces me sentía como una criatura alada que no dudaba del valor liberador de la narración. Abrazaba excesos, incongruencias, cuanto ofreciera el escenario de las palabras. A cada instante me topaba con los ingredientes de la imaginación en llamas.

Pero así era como la vida me rescataba.

45. Mi mandato

Analizo las circunstancias de haber sido la primera presidenta de la Academia Brasileña de las Letras, precisamente en el año del I Centenario, un cargo muy deseado en aquel momento histórico. Debo decir que no me estuve preparando para el puesto, sino que muchos académicos me animaron a presidir la ABL justo en el año áureo. Sobre todo porque, tras ejercer la presidencia de forma interina durante los seis meses previos a las elecciones, había demostrado de forma inequívoca que estaba cualificada para hacer frente a aquel desafío. De modo que fui elegida por unanimidad.

A lo largo de mi mandato, recibí constantes muestras de confianza por parte de los académicos. Su conducta me permitió ejercer la presidencia con plenitud. Jamás cuestionaron ninguna decisión administrativa, o cualquier otra relacionada con la celebración del I Centenario. Me expresaron en reiteradas ocasiones que iba por el buen camino.

Fue una época de abundante actividad cultural e intelectual, durante la que introduje innovaciones y abrí la Academia Brasileña de las Letras al público. Y bajo un régimen pacífico, exento de turbulencias políticas o académicas. Al final de mi ejercicio, y aunque todos me animaban a presentarme otra vez al cargo, desestimé la posibilidad para retirarme al hogar, aduciendo que quería «pulir mi alma».

46. Los rostros que tengo

Me dispongo a salir a la calle. Pero antes, como medida preventiva y para mitigar emociones acumuladas, echo un vistazo a mi armario para decidir qué máscara me pondré. Tengo muchas, todas ellas una copia de mi rostro, réplicas perfectas, cuyas particularidades solo pueden distinguirse con lupa.

A veces me pregunto para qué me sirve esta colección. Quizá me ayuda a esquivar el desatino humano, un universo con el que no me identifico. Sé que una máscara adherida al rostro me da valor para afrontar el día, para cruzar el río a nado, para alcanzar la otra orilla, la de los demás.

Sin embargo, algunas máscaras suprimen mi identidad. Otras tienen el don de resaltar tanto mi feminidad que, en cuestión de minutos, atraigo a un macho voraz a la trampa secreta en la que vivirá atrapado para el resto de sus días.

Confieso que disfrazo la vida. El colectivo humano me interesa tanto como me inspira farsa. Así, aseguro al prójimo que su vida es para mí un libro abierto que puedo leer, y anuncio profecías, si bien distintas de las que predicaba Jeremías, que aborrecía el pecado. Mis pronósticos fueron tan propicios que el profeta no solo me elogió, sino que pagó mis servicios con un dinar, la moneda de Jordania. Disimulé mi emoción con una sonrisa irónica, pues soy un caracol que lleva a cuestas mil culturas de las que no responde, pero que disfruta. Cada pedazo de mí es arcaico y extranjero.

Con todo, reacciono a las artimañas del destino, que pretende disponer mis días como si fueran suyos. Pero

¿cómo puede alguien aspirar a ser el dueño de un futuro incierto, que existe entre el extremo de la vida y el de la muerte? ¿Cómo validar las respuestas si la existencia no admite pujas anticipadas, previsiones, fórmulas salvadoras, teorías procrastinadoras, rectificaciones conciliadoras, ni siquiera caminos directos al cielo?

Las máscaras tienen la función de encubrir el semblante crudo de mis sentimientos. Gracias a la fuerza que emana de ellas, me protejo de corazones ajenos encharcados de vinagre y egoísmo. Ahora bien, a veces las máscaras se sobrepasan. Actúan como si fueran parte de un sistema autónomo que no tiene en cuenta la enfermedad de mis emociones. Cuando se rebelan, ahondan los surcos cerca de las comisuras de mis labios, con la intención de sembrar, por iniciativa propia, creencias y versiones contradictorias que los demás interpretan como propias. Suele sucederme cuando expreso ternura sin querer. Como represalia, hago el gesto de devolverlas al armario, pero las máscaras reaccionan, insinúan que vivo a su sombra, bajo su jurisdicción, y que, por lo tanto, no estoy a salvo.

Mi cólera no va a más. Las máscaras me ayudan a vivir, me amparan cuando me debilito. Me indican, en un gesto de bondad, cuál entre todas debo elegir para afrontar mejor las vicisitudes del día. Como, por ejemplo, la *maschera nobile* veneciana que me hacía ser tímida, capaz de elevarme sobre la tiranía de las convicciones, de rasgar el velo de la hipocresía, de experimentar una sutil libertad.

Algunos domingos, cuando me miro en el espejo del salón y hago balance de los años, me pregunto quién soy. Sobre todo cuando estoy sola en casa y recurro a la máscara y siento que no puedo respirar sin la ayuda de semejante artificio. Y allí estoy, desconsolada, cautiva de alguna máscara que tal vez haya decidido permanecer sobre mi rostro hasta derretirse como si fuera de cera.

47. Mis vestidos

Veo de nuevo el estampado de mariquitas de los vestidos que a mi madre y a mí tanto nos gustaban. También los zapatos blancos impecables, que me limpiaba con tiza inglesa que encargaba en los grandes almacenes Mappin de São Paulo. Mi madre estaba convencida de que unas prendas como aquellas, además de eternizar las fotografías de la infancia de su hija en su memoria, reflejarían la vida familiar.

Años más tarde, me confesó lo mucho que le gustaba tener colgado en la pared del dormitorio uno de los retratos que me hicieron en Niterói. Así siempre tenía cerca a su hija, incluso cuando estaba lejos por la obligación de viajar, de librar sus batallas literarias. Le gustaba verme desde la perspectiva del fotógrafo, circunspecta, con la frente despejada, el pelo recogido en dos trenzas a los lados y los ojos muy abiertos. Detalles que, por cierto, ella misma había supervisado.

Esa foto, que ahora yo conservo, recibió un comentario cariñoso de Rubem Fonseca, un día que la vio, ampliada, en la entonces agencia de Carmen Balcells:

—Si hubiéramos visto esta foto antes, nos habríamos guardado de Nélida.

Con esto quería decir que la imagen, en sí reveladora, nos mostraba a una niña con la marca de la obstinación en el rostro, que anticipaba la gravedad de un ideario estético.

48. Los días de Clarice

Años antes de conocer a Clarice Lispector, le envié por Pascua una cesta con pequeños huevos de chocolate que había comprado en Copenhague. Un gesto amistoso que no exigía su atención. Me parecía demasiado pronto para conocernos. Aunque era joven, yo no pretendía ser su discípula, más bien buscaba una relación duradera, inquebrantable. Tanto era así que no firmé la tarjeta que acompañaba el regalo. Dejé la cesta en el barrio del Leme, en la portería del edificio en el que vivía entonces. Ahora bien, en esa nota anónima escribí una frase suya: «Fue entonces cuando sucedió: de puro agobio, la gallina puso un huevo».

Habrían transcurrido muchos años si un día Nélida Helena, una amiga de la escuela Santo Amaro, no hubiera detenido el coche delante de un edificio, alegando que tenía que hacer un encargo antes de irnos a cenar. La acompañé, tal como me pidió. En cuanto llamó al timbre, nos abrió una mujer semejante a una tigresa, con una inmensa cabellera que parecía moverse por efecto de una brisa. Era Clarice Lispector. Después nos invitó a pasar, pues había accedido a participar en el juego que su amiga le proponía, como una manera de brindarme un instante de felicidad.

Durante la velada no me deshice en elogios literarios, pues habrían sido vanos, dada la dimensión del gesto de la autora. En el transcurso de la visita, entre nosotras surgió una alianza inusitada para Clarice, a la que fui conociendo con el paso de los años. Sin embargo, gracias a su intuición, que obraba como si la mano de Dios dictara sus palabras, en aquel momento supo que aquella joven risueña la acompañaría hasta el final. Desde entonces compartimos una amistad sin fisuras ni defectos.

A Clarice le gustaba compartir conmigo banalidades que demostraban nuestro aprecio por la vida. No éramos precisamente dos escritoras que desafiaran la escritura o que se doblegaran a la seriedad del oficio. Elegimos el cariño como forma de propiciar nuestra fe en el futuro. Leales como éramos, creíamos que merecía la pena estar juntas, reír juntas, llorar juntas. Dos mujeres para las que la vida cotidiana era una fuente de interés que atenuaba la gravedad de los juicios estéticos, trascendentes, que no eran más que un engaño.

Ambas sabíamos que corríamos un riesgo. Clarice, sobre todo, temía que nuestra amistad se viera afectada por la presión que yo pudiera sufrir como novicia de una orden religiosa de la cual ella era abadesa. Temía que yo pudiera cometer un «matricidio» para alcanzar la independencia literaria. Pero yo le decía:

—¿Cómo te atreves a pensar que me dejaría seducir por la intriga, la maledicencia o la gloria literaria, cuyo objetivo es romper nuestros lazos?

Aun así, Clarice me hizo jurar —pues era supersticiosa— que, si algún día alguien intentaba ponerme en su contra, yo se lo contaría para poder defenderse contra la falsa acusación. En ocasiones, en la playa del Leme, descalzas con los pies en el agua, conveníamos proteger nuestra amistad. Sobre todo en diciembre, época propicia para los compromisos, cuando el año nuevo se nos revelaba.

Su rostro, aunque atento, a veces se empañaba con una neblina que la arrastraba lejos. Por eso, en su casa cedíamos al peso de la vida mientras tomábamos café y ella fumaba, con Ulisses, su querido perro, al acecho de la siguiente colilla que dejara en el cenicero.

A lo largo de dieciocho años de amistad, durante los que hablamos a diario, Clarice me brindó alegrías, entusiasmo, magníficos auspicios. Yo pensaba que mi amiga estaría amarrada a la eternidad terrenal durante mucho tiempo. Pero se marchó pronto, y yo no lo acepté. Porque nuestra amistad debió haber durado más que nosotras.

Incluso en la cama del hospital, donde la acompañé cerca de cuarenta días, Clarice conservó intacta su alma, y nadie osó, ni siquiera entonces, adentrarse en sus discretos senderos. Velé por su intimidad contratando a tiempo completo a un vigilante a la puerta de la suite, para impedir que nadie la fotografiara, la filmara o la visitara sin su permiso. Lo cual nunca sucedió.

Clarice Lispector se apagó tras quedar sumida en un profundo sueño, ajena al mundo. Éramos pocos los presentes en la habitación: su hijo Paulinho, su nuera, sus hermanas Tania y Elisa, Olga Borelli, que le sostenía la mano derecha, y yo, que le sostenía la izquierda.

Aún hoy se me hace difícil hablar de mi amiga Clarice. Pero nuestra comunión no pereció, Clarice está en las paredes de mi casa con sus pinturas, en la mesa sobre la que trabajo, y la evoco sin desfallecer.

49. El deber de crear

¿Cómo imaginar la existencia sin el contenido ostensivo y sistemático de los sentimientos humanos, de la trayectoria de las civilizaciones, de los misterios que nos concede la creación poética? ¿Una vida sin sustancia, desértica, sin el desvarío de la palabra, sin la trascendencia de lo que no está a nuestro alcance? ¿Cómo despertar y caer en un mutismo que envilece la inteligencia y nos lleva a temer que un hijo nuestro será privado de la mordaz pluma de algún futuro Cervantes o Camões, estas criaturas que deben aliviarnos del peso de la existencia?

50. Las fiestas de antaño

Todavía hoy, pese a los muertos que llevo en el corazón, me dispongo a celebrar la Navidad. Y, aunque sin «pompa ni circunstancia», ni con la expectativa de estar contenta, pienso en el establo donde Jesús nació entre el heno, rodeado de animales domésticos que dan calor y leche, y lo imagino como el lugar idóneo para albergar danzas profanas.

Sé que la noche del 24 de diciembre forma parte del calendario del mundo para creyentes y ateos. Esta fecha no se diluye, como otras, sobre todo cuando empezamos a envejecer y nos apegamos a la tradición. Creo también que la Nochebuena permite recuperar costumbres arraigadas en el corazón colectivo. En cuanto al mío, es prudente, mantengo lealtad incondicional a un legado familiar que me impide olvidar el peso que se dio a la Navidad en mi educación. Y es que, para honrar mejor a los que me precedieron en su peregrinación por la tierra, no me atrevo a ser iconoclasta con tan preciosa cuestión. Observo mi herencia gallega, mezclada con la brasileña, y enciendo la memoria con recuerdos gratos.

Ahora, ya lejos de la matriz desintegrada por la muerte paulatina de los míos, me complace defender la jerarquía de los sentimientos entre los hombres. La lucha, incluso en plenas crisis, por mantener los rituales que encierran el emotivo mensaje cristiano.

No obstante, con los años afianzo mi fe en unos valores que hoy se consideran obsoletos. Procuro participar de los actos de personas de buena voluntad y que, desde milenios atrás, también condenamos a pesar de no seguir a pies juntillas sus principios civilizadores. Y, aunque esté lejos de la santidad, y aun cuando me fascinan los santos, me limito a ejercer prácticas religiosas modestas. Con la madurez no han mejorado suficientemente mis impulsos caritativos, mi admiración por la bondad. Continúo siendo víctima de mis defectos. Todavía sufro los efectos de un corazón que lucha por ser más tierno.

Durante este tiempo navideño reviso mi vida para saber qué me queda después de los gastos, qué muestras de magnanimidad he tenido para con los demás. Es el tiempo de asumir una responsabilidad para conmigo misma, para con los amigos que he hecho y para con los que se marcharon para siempre, dejándome el legado de sus recuerdos. Me gusta ser la archivista de las vidas de aquellos que ya no están entre nosotros, para poder defender sus historias. Me entristece sobremanera confirmar que a mi alrededor, en torno a la mesa puesta y engalanada con manjares y guirnaldas, cada día somos menos.

51. El Teatro Municipal

El hogar puede ser un lugar favorable o una maldición. El Teatro Municipal fue para mí un pesebre donde volví a nacer. El escenario de una iniciación que despertó en mí emociones y el espíritu de la fe. Así como el instinto carnal, las pasiones involuntarias. Lo frecuentaba con asiduidad, atraída por los espectáculos de ópera y ballet y los recitales de música. El universo coral o en solitario de los intérpretes, cuya magia me revelaba los secretos del arte.

En aquel teatro el horizonte se ensanchaba para envolverme. Todo mi ser cabía en él. Allí llamaba a las puertas del cielo para conversar con un Dios sencillo que a menudo descendía a la tierra para entretenerse con los seres humanos. Como si olvidara que eran todos obra suya, salvando los defectos. Actuaba como los dioses del Olimpo, que se reunían en las ágoras para deleitarse con las intimidades de la carne humana. Sin embargo, como era más recatado, predicaba virtudes que yo debía respetar pese a mi entusiasmo. Pero parecía aprobar mis excesos sentándose en el teatro a mi lado, a veces en la platea o incluso en el palco.

Sin embargo, yo me entregaba a los ardores del arte, que me carbonizaba, aprendía a tratar con lo benigno y lo licencioso. El escenario me marcaba unas directrices, me enseñaba a entender aquello que no había visto hasta entonces. Iba desvelándome el misterio que envuelve la mirada humana. Y observaba, y escuchaba, pues todo era inaudito, y lo aprehendía por primera vez. No solo la literatura dictaba las reglas de la realidad. Con el teatro me di cuenta de que el hogar no era la única fuente de conocimiento. Así, debía leer y poner atención en el escenario que tenía ante mí. Conjugar cuanto surgía de la creación humana. Bajo el yugo de la exaltación artística, un día osé pronunciar palabras que me permitirían tomar conciencia de sentimientos que guardaba en mi seno sin yo saberlo.

En el Teatro Municipal de Río contaba con interlocutores. Tanto en el escenario como en la platea. Convivía con ellos e iba asimilando el milagro de la vida. Daba forma y sentido a cuanto se presentara. Escuchaba los susurros y los aullidos de los artistas. Ninguno de ellos rugía nunca para expresar malestar por la evolución de su arte. Se me antojaban criaturas protegidas por un Dios que los concebía al borde del naufragio.

Las batallas se entablaban sobre el proscenio. Pronto comprendí que el ansia de gloria me exhortaba a envenenar a mi compañero de escena. Me eché a temblar de miedo, pero trasladé dicha revelación al mundo exterior. Me di a la generosidad de aplaudir el talento excepcional. Fui testigo de la rivalidad entre Tebaldi y Callas en el mismo Teatro Municipal. Sin embargo, yo, que aún no dominaba los artificios del mundo helénico, no entendía que Callas tenía más de dos mil años de tragedia griega en las cuerdas vocales. Entonces prefería los pianísimos de Renata Tebaldi, que se comportaba como un ángel sobre el escenario. Yo quería que mi alma fuera angelical, aunque hubiera leído hacía tiempo acerca de los demonios en la creación de Dostoievski, y me había sometido a la plenitud trágica de Sófocles.

Me emocionaba con cada intérprete, y los buscaba luego en el camerino. También llegué a trabar amistad con algunos de ellos. Como Tamara Toumanova. Aún hoy conservo el anillo que me regaló como muestra de nuestra amistad, tras augurarme un destino afín a las artes. Es más, tuve la suerte de poder disfrutar de los mejores artistas vivos que había dado el mundo, como el tenor Gigli o el pianista Rubinstein, con quien además tomé té en el restaurante Pérgula del hotel Copacabana Palace. Maestros que me enseñaron el camino de las lágrimas como expresión de alegría en el arte. Intérpretes que, junto con algunos escritores, esculpieron en mí un alma renovada.

Al poco tiempo me liberé de la incómoda inocencia, anticipando la llegada del amor, que me permitiría entregar mi cuerpo a quien yo quisiera, a fin de recibir a cambio el cuerpo ajeno, sin permitir jamás que nadie me dominara. El fenómeno del cuerpo y el arte sucediendo a la vez, maravillándome. Ambos anticiparon, ya en la adolescencia, patrones estéticos y morales. Todo era misterio. Como aún lo es hoy.

Cuántas veces, todavía ahora, hago frente a los demonios humanos evocando este magnífico teatro de Río de Janeiro, el escenario de mi propio advenimiento.

52. La mirada simbólica

La mirada no merece la prisión de la pedagogía que controla el presente y el porvenir. Mi mirada necesita libertad, la habilidad del camaleón para mirar atrás, lucho para capturar lo pequeño y lo grandioso, obras de Dios y, a la vez, de los humanos. Y para ahuyentar el abismo inherente a las palabras, a los gestos, a cuanto pensamos y maldecimos bajo el yugo del pecado. En definitiva, lo que rodea lo perverso y abole lo sublime. Y todo porque soy una náufraga, a veces me encuentro a la deriva, agarrada a la boya que una mano amiga me lanza sin buscar nada a cambio. Pero siempre aferrada a los tentáculos del pulpo de mi infancia. De la casa gallega de Vila Isabel, tierra del cancionero popular, donde nací, cuna que heredaron Noel Rosa y otras voces anónimas. La fusión resultante de la inmigración y la samba aflora aún hoy en mi espíritu. A esta debo mi amor por el arte popular, un placer mundanal que se empeña en impedirme envejecer.

Y, a medida que ampliaba mi área de conocimiento, también absorbía desmedidas dosis de peligro. Tomé conciencia de que los caminos «sin salida» son insidiosos. Entrañan el riesgo de ser víctima de un universo que nos supera. E invitan a desarrollar el olfato, como el depredador que todos somos.

Sin embargo, poco sé de las reglas que contrarían la imaginación. Son de dudosa utilidad. Poco dicen de las enseñanzas de mi madre, que me advertía de las perversas tentaciones que rodeaban el goce de la carne.

Sin embargo, nada soy si no me adentro en los caminos del pecado que conducen a más revelaciones. Promesas furtivas que surgen de los símbolos que operan en mi fantasía aun cuando son débiles. Son símbolos, signos acaso, que dimanan del origen familiar y aún perduran.

Son huellas de la memoria, que me definen, que dictan aquello que me eterniza.

Buena parte de los símbolos en torno al cuerpo provienen de los universos pagano y cristiano, de los albores del arte. Así, como heredera de los excesos humanos, añado algunos humildes símbolos a la cocina, a la cama, a la mesa donde el pan impera. Todos ellos hablan de quién soy, definen los pilares de las creencias civilizadoras que rigen la escritura que hace de mí una escriba en un estado de amor perpetuo por la creación literaria.

Cuántas afirmaciones defienden la comida, el deseo, la muerte digna, las necesidades básicas. También las certezas intrínsecas a la vida cívica y teológica. Otras rechazan los estertores de la guerra, defienden la libertad, el apremiante rechazo de las dictaduras, de los movimientos que aspiran a sacrificar a la humanidad en nombre de ciertos principios implacables.

53. El patio de los encuentros

Mientras sorbo el café de la mañana, proclamo en silencio que el arte no peca. La moral que se desprende de sus postulados siempre se asomó al abismo humano. Está compuesto de una materia que nació de la vorágine de la conciencia y del lenguaje, impulsada por el misterio. Sin duda, regido por un instinto libertario, el arte desordenó el mundo asentado sobre pirámides, catedrales, un cúmulo de piedras erigidas por genitales subyugados y soñadores.

Para mí, el arte es un obsequio que Carmen y Lino, mis padres, me hicieron el día que nací, un mes de mayo, en Brasil. Gracias a los genes de ambos, que definieron mi destino de común acuerdo. Y así fue y ha sido hasta ahora. Todo sucedió a resultas de las historias que narraban los libros, de la mesa copiosa de la familia que desafió a la miseria. Años más tarde, emprendería con ellos la travesía del Atlántico en un barco español de la naviera Ybarra. En la plenitud de mi infancia, celebramos a bordo el paso del ecuador, con espuma de jabón en la cara para que jamás lo olvidara, ni perdiera nunca el respeto por Poseidón, señor de las aguas dispuesto a vengar cualquier afrenta, como sucedió con Ulises en su desesperado intento de regresar a Ítaca.

El arte al que aludo canta, pinta, narra y construye lo impensable, esencialmente entroniza la palabra de la meretriz y del rey. Puesto que es fecundo, se confunde con las secuencias que dicta el pensamiento, que es sutil a la par que brutal. También es pastoral y sinfónico y, cuando reúne a los que la suerte negó su consuelo, es incluso coral. Lo cual me lleva a preguntarme en qué categoría estaré yo.

¿Acaso me alejo de alguna de sus funciones, por el simple hecho de querer inventar algo que no sea falso?

En una ocasión, siendo alumna del Santo Amaro, una escuela de monjas benedictinas, aseguré a mis compañeras, que eran niñas como yo, que había otras formas de nacer distintas a la de salir por el vientre materno. Una, por ejemplo, consistía en reventar el bulbo de una planta acuática que flotaba en la fuente frente a la capilla, y esperar a que de allí brotara milagrosamente un ser vivo parecido a una de nosotras. Defendiendo así mi hipótesis, esperaba que se adhirieran a mi convicción, gestada Dios sabe dónde.

Me miraban estupefactas, sin entender lo que les decía. Pero yo insistía con la esperanza de imponer el fruto de mi invención. Durante un tiempo, me convencía de mis aciertos. Por medio de absurdos que podrían ser obstáculos, expandía el arte de fabular.

Nunca supe el porqué de esta conducta infantil que ya superé y que ahora revivo como parte de mi imaginario personal. Supongo que esta precoz vocación por el artificio narrativo se debía a mi convicción de que era posible inventar sin que te castigaran. O acaso revertir a mi favor la esencia cruel de la realidad.

Por eso, desde muy temprano traté el arte como a un hijo, como a un hermano, como a un eterno amante. De esencia arrogante, específica, abstracta, impetuosa y jamás servil, siempre aprobó la forma que yo le daba y mi ímpetu creativo. Quizá porque reconocía que yo era fruto de su fuerza. Que soy capaz de inmolarme por él, por su soberanía. Para que jamás se eclipse en el horizonte de la humanidad.

54. Mi catedral

Hace unos años escribí en el libro *El pan de cada día* que, en la época de los prodigios, justo cuando debió de comenzar la Edad Media, una madre se levantó a calentar la leche que había ordeñado de las vacas y anunció a una familia todavía somnolienta:

—Venid a ver nacer las catedrales.

Yo propongo que, en estos tiempos de tanta desfachatez, hagamos lo mismo. Levantemos nuevas catedrales juntos.

55. Un filón poético

Hay un filón poético en el drama de la inmigración. Pronto comprendí que mis abuelos y mi padre, que emigraron a Brasil, compartían un gesto audaz, un sentido utópico que sospecho haber heredado. Ellos, que me proporcionaron una patria y una lengua, imprimieron en mí la marca de la distinción. De una extrañeza que se alimentó del pulpo de ocho patas y de un cúmulo de otros aprendizajes que fomentaron mi imaginación. Pasé a formar parte de una genealogía que provenía de los suevos, los visigodos y los celtas, de las oleadas de pueblos que recorrieron la península ibérica. Esta percepción evolucionó para que yo pudiera comprender que tenía en mi haber dos culturas y, por ende, podía trascender el umbral griego, el hebreo, el palimpsesto humano. Era libre, podía crecer sin límites y radicalizar la idea de conocimiento. Semejante legado me permitiría transitar por el caos y salir ilesa, sin perder de vista la matriz vernácula.

A los diez años, cuando el barco de la naviera Ybarra atracó en Vigo un lluvioso mes de noviembre, me inicié en la cultura española y la gallega. Ya en Cotobade, tan pronto salvamos la Corredoira y averiguamos la arqueología familiar a la que estaba ligada, dejamos sobre los carros de bueyes los baúles que contenían el imaginario brasileño en forma de productos no perecederos con los que mitigar la miseria de la época.

En breve aprendí gallego, que al principio me sonaba gutural, hasta que empecé a distinguir sus matices líricos. Y luego conocí la inmensa felicidad de aquellos dos años que viví entre campesinos y gente de oficios distintos. Los mitos que afloraban en las conversaciones y en la lectura me enriquecían tanto como las leyendas del lugar, los cantares, las narraciones orales. Gracias a este aprendizaje pude constatar, ya de adulta, que aprender aquel idioma me permitió adentrarme en los albores de la lengua portuguesa. Pues desde la infancia llevaba en mis adentros el origen de un portugués vinculado a una lengua de campesinos y trovadores, cuando abracé ambos misterios.

Así, defiendo el universo del inmigrante gracias a diversos antecedentes y devaneos. Como «brasileña reciente» que se abastece de una visión profunda del país, sin renegar de mi origen, tengo a mi servicio una memoria universal. Ser hija de inmigrantes afinó mi estética y mi humanismo. Desde el origen, comprendí que el sufrimiento que mi familia vivió en su propia odisea me sirvió de ejemplo, me libró de vivir las mismas penurias. Y me concedió una vida mejor que la suya. Este legado me enorgullece. Aquellos españoles expandieron mi embocadura verbal, hicieron de mí una escritora brasileña.

56. La amistad

Las palabras del escritor Fernando Aramburu, que me acaba de escribir en nombre del periódico español *El Mundo*, se iluminan cuando le respondo. La belleza de su texto me disuadiría de criticarlo en caso de que mereciera una amonestación moral. Siempre sucumbo a las amistades que se nutren del arte, un binomio magnético que amplía el horizonte existencial.

Soy dada a afinar mis sentimientos, a adentrarme gratamente en el corazón ajeno que me concede el trigo dorado de la amistad que hoy nos brindan los animales y algunas personas. Sé distinguir la dádiva del veneno, el oprobio del cariño. Desplazo el mal a la retaguardia, y atesoro los beneficios.

Profeso aprecio y admiración por muchos semejantes literarios. Sin ellos mi historia no podría ser contada. No cultivo el rencor ni cuando soy duramente golpeada. Me salvé porque comprendí que el reino de la literatura contiene lo excelso a la par que lo perverso, y que de su fuente emana lo que somos. Nuestro oficio consiste en explorar los desvaríos, los escenarios ingratos. Vivo según una frase que escribí a los diecisiete años: «Tengo apetito de almas».

Entiendo nuestra precariedad, ese conflicto irresoluble. Por eso, aunque me persiguen los demonios y los santos, me quedo junto a estos últimos. Inevitablemente, los lazos afectivos entrañan rupturas y fracasos. Pero poco importa si somos peregrinos. Porque así es como he conservado tantas amistades ajenas al universo literario, sin perder la relación con el paso de los años. Algunas siguen estando cerca, otras palidecieron en el recuerdo. Y a todas doy las gracias. Pues me rediment cuando las evoco. Soy cada una de ellas.

57. Una muerte anunciada

Cuando el médico anunció mi muerte no me arrojé a un abismo confesional. Ni me obligué a revisar mi existencia como una suerte de purificación que me permitiera esbozar un retrato benévolo. Naturalmente, no estaba preparada para una sentencia que rompía el tabú de mi inmortalidad y me desplazaba del epicentro de la vida, donde me había instalado con bienes y afectos. Para diluirme en el polvo del tiempo.

Reaccioné a la crudeza del médico empezando un diario que consistiría en mi única despedida, pero que abandoné al poco tiempo, cuando tomé conciencia de su falsedad, para abordar otra clase de textos que siguieran los derroteros del arte. Una vez que tomé esta decisión, no escribí una sola línea compasiva, resignada o que insinuara una capitulación. Escribía con furia y entrega, como suelo hacer cuando abro las venas de la escritura. Aparte de luchar para asimilar que la partida era real y no una fantasía ficcional, puse en orden documentos y repartí lo que debía ser repartido. Sobre el calendario, iba tachando los días que me quedaban. Y, mientras rendía vasallaje a la literatura, de mi mano brotaban los textos de una escritora que siempre tuvo la audacia de tejer historias, ficciones narrativas, guiada por el misterio que envuelve a la escritura. Reinstauré la credibilidad de la invención en estado puro. A las puertas de la muerte, me había recuperado.

A pesar del elevado grado de confesión que entraña *Una furtiva lágrima*, el libro refleja la experiencia acumulada a lo largo de los años. De una persona que ha publicado casi treinta libros entre novelas, cuentos, ensayos, discursos, crónicas y otros títulos que entrelazan reflexiones, recuerdos, la compleja y ambigua edificación humana.

En el libro aflora una atracción por el arte de pensar fuera del marco ficcional. Formula conceptos que ahondan en el misterio insondable de nuestra especie. Y capacita a la autora para comprender quién era mientras aguardaba el aliento de la muerte. El festín de la vida.

58. Mi península

Aramburu: Señora Piñon, ¿se ha informado de si hay vuelo directo de Río de Janeiro a Estocolmo?

Entre las dos ciudades mencionadas por el escritor, Río de Janeiro y Estocolmo, salvando accidentes geográficos y corrientes marítimas y aéreas, las quimeras allanan la distancia, como la mítica Atlántida, fundada en las profundidades oceánicas.

Ahora bien, dondequiera que vaya, sin trazar un destino previo que los dioses y las fuerzas del misterio determinen, hago una primera escala en algún lugar de la península ibérica. Este extremo del mundo que se arrima al Cantábrico, al Mediterráneo y, por último, al Atlántico, que es como arrimarse a Brasil. Donde, al fin, mi familia vertió su sangre, de la que bebí al nacer.

Desembarco en la península con el ánimo alborozado y desprevenido. Sin sentimientos que me avergüencen, que carezcan de cierta grandeza. Ofrezco a españoles y portugueses lo mejor que tengo y que rescaté de ellos también. De la memoria que compartimos y del arte que me maravilla siempre.

Tan pronto llego, tengo la sensación de ser Colón en persona, a la espera de ser interrogado por Isabel de Castilla. O Pedro Alvares Cabral a orillas del Tajo, rindiendo cuentas al rey don Manuel al partir hacia el nuevo mundo. Tal como transcurrió la aventura brasileña, de la que el escriba Pedro Vaz de Caminha dejó constancia en una carta que, según cuentan, es el acta de nacimiento de Brasil. Confieso que es un sentimiento de triunfo que me sosiega, que me inspira el mismo cariño que Suzy y Pilara Piñon me dan, el mismo amor profundo que siento yo por ellas y que a veces no sé cómo transmitirles.

En estas tierras ibéricas, para mí una bendición, miro a sus habitantes y, antes incluso de identificar sus acentos, casi puedo adivinar de dónde vienen, si de Madrid o de algún pueblo. En general suelo acertar. Se me da bien distinguir cadencias en el habla aun sin haber recibido educación musical. Tan solo fui alumna de doña Lucília Villa-Lobos, que impartía clases de canto coral en el colegio Santo Amaro. Cuando me hicieron la prueba para determinar mi tesitura vocal, la profesora me relegó al último grado de la escala, la cuarta voz, categoría cuya relevancia ya no recuerdo. La cuestión es que quedé apartada, como si no existiera. Aun así, yo cantaba, desafiaba, sufría. Pero nunca olvidé a la profesora, que fue la primera esposa del genio brasileño Villa-Lobos, autor de «Bachianas n.º 5», que para mí es el himno de mi corazón.

Estudio el paisaje del aeropuerto, perseguida por maletas, el equipaje que traduce mi concepto de abundancia. ¿Hará frío?, ¿hará calor? Inicio la jornada saludando aquí y allá como si repartiera pan. Inmersa en el galimatías que me devuelve el poder de la palabra ajena, pienso en mi propia melodía, que disipa el silencio de las largas horas de vuelo. Ah, ¿qué habré guardado en mi pecho, convencida de que nunca lo revelaré?

Llevo euros en el bolsillo, qué alegría poder pagar el vuelo y la comida. Detrás de cada una de mis monedas hay el sudor de mi abuelo y, antes de él, el trabajo de los campesinos que labraron la tierra y murieron sin jamás sentir el júbilo de la prosperidad. Gasto las monedas invitando a amigos a cenar cerca del hotel. Qué emoción repartir lo que sea con los demás. Expedir una carta de liberación para mí y para esos amigos, que me quieren tanto como yo a ellos. ¿Qué sería de nosotros sin estas amistades aun cuando algún día se deshagan? O sin el amor, que, aunque no suscribe la eternidad, la ilumina durante los segundos que dura la vida.

Ya estoy en el centro de la ciudad en cuestión. Prosigo en mi labor de descubrir el mundo, un ejercicio incansable que se practica hasta el último suspiro. Y que siempre sienta bien. Dejé atrás el hogar carioca, pero no cerré las puertas. Quiero que estén abiertas para cuando regrese, o para quien renueve el aire y que nada perezca dentro. Dondequiera que estemos, estamos hechos de despedidas, de intercambios secretos, de miradas tristes que se cruzan.

No sé cuándo volveré a casa. De joven, solía decir que podía ocurrir algo que alterara mi vida para siempre. Abrazaba cualquier imprevisto voraz que fuera a hacer de mí la mujer que no había sido hasta entonces. Esa disponibilidad que un amor inesperado y revelador impone a sus receptores. ¿Qué clase de abismo es ese?

Visito el Prado o la plaza del Rossio. Madrid o Lisboa. Donde estuve en el pasado y fui feliz. Es importante agradecer a la vida los días que he vivido y los que tal vez me quedan. Aunque sea una semana con cierto amor a mi lado, guiada por lo divino para recorrer el camino secreto de la muerte. Tras haber sido cómplice de la humanidad.

59. La oveja descarriada

He llegado a desear ser una oveja descarriada. Pese a ser criada con leche materna, veneraba la libertad que hacía aflorar lo mejor de mí, me proporcionaba ese alimento cuyo elevado contenido afectivo y didáctico me inició en la vida y en los principios familiares de las aldeas gallegas. Y que, aunque inscritos en el alma, me dieron motivos para desafiarlos, para reinterpretar sus postulados. Sin por ello suprimir como ejemplo la imagen redentora de Cristo en la cruz, apología esencial de mi cristianismo.

Pronto descarté a filósofos y teólogos para creer que el arte y la creación son la suma de los aciertos y desaciertos de la utopía humana. Y que el error induce a posibles correcciones. Y, aunque vivamos sujetos al engaño de los días y de una memoria rasgada, nacemos para soñar lo imposible. Ningún sabio ha reforzado mi fe en la humanidad. Así es, soy deudora de los humildes, de los peregrinos, de los anacoretas del desierto del siglo IV. De los gestos y las palabras del apostolado de Dios, indicadores de la frecuencia civilizadora de mi corazón. De las criaturas que reverberan a mi lado y que simbolizan la historia de la humanidad. Y que, en todo su esplendor, resumen la historia del milenio.

En esos momentos pongo en duda el plan de Dios, que empaña las quimeras humanas. Y me cuido de nuestros devaneos metafísicos. Me pregunto entonces qué posibilidades tenemos nosotros, extranjeros y desconsolados en la tierra, de alcanzar el ronco vagido de la felicidad, de sumergirnos, febriles, en el seno de Dios en nombre de un sentimiento que encarna el soberbio instante de la esperanza.

Y sin embargo, indiferentes al derrotero de la vida cotidiana que subraya epílogos no siempre auspiciosos, sucumbimos al sueño de una eternidad benevolente. Vencidos por un pasmo que a menudo consume lo mejor de nosotros.

60. *Crimen y castigo*

La literatura abre las puertas del mundo al lector. Unas veces es delicada, otras nos presenta en sus páginas a una humanidad cargada de culpa sin redención posible, de misterios que la hostigan.

Sin embargo, cada libro nos promete una revelación sensible o dolorosa. El lenguaje narrativo tiene el poder de alterar nuestra sensibilidad, de someternos a una experiencia anímica radical. Así es como el texto, al actuar como una flecha que atraviesa el corazón, cumple su deber ético y artístico.

He amado la literatura desde la infancia. Leía con fervor para explorar el mundo. Pronto quise ser escritora, aunque poco supiera del oficio, de sus conceptos. Así y todo, quería disfrutar de las bondades de ciertas páginas. Quería salir de casa en busca de aventuras y ser feliz.

Fue entonces, siendo aún niña, ya de vuelta en Brasil tras vivir dos años en España, cuando traje conmigo un bagaje de saber y un espléndido fabulario, que ampliaron mi horizonte. Aparte de hablar ahora dos lenguas y de conocer una vida rural que me hizo sentir como si viviera en el medievo, en otros siglos. Esta nueva sensibilidad me preparó para lecturas densas, como la novela de Fiódor Dostoievski *Crimen y castigo*, a cuya lectura me rendí. Sucumbí de inmediato a una fascinación que despertó en mí una emoción arrolladora, me impuso un nuevo orden de conducta y un innovador estatuto doctrinal. Una realidad novelada que ponía de relieve una pasión desmedida, una violencia que no reflexionaba sobre las consecuencias de sus actos. Un argumento que abandonaba la condición humana para asumir la bestialidad. El retrato de individuos asfixiados por sus propios delirios y resentimientos.

Tocada por cada escena, notaba el impacto de una conciencia inaugural, ya severa, que reclamaba mi adhesión a una utopía ética. Y que a partir de ese temprano despertar siempre estuvo presente en mí, jurándome que jamás me abandonaría.

A partir de la lectura de aquel ruso maravillosamente insano, seguí una evolución continua que me transformó. Jamás volvería a ser la misma. Y no es que fuera insensible, sino que, al revisar mis logros diarios, mejoraba a cada amanecer. Sujeta al pecado inherente a mi naturaleza humana, mi alma estaba en carne viva y quería salvarse.

Desde que leí *Crimen y castigo*, libro una batalla sin fin que me guía. He hecho de la conciencia mi epicentro moral.

61. Mi Portugal

No pedí prestado el paisaje portugués para ambientar *Un día llegaré a Sagres*. Nunca tuve la intención de hacer de Portugal un mero panorama sobre el que volcar mi idiosincrasia ficcional sin, a cambio, ofrecerle mi alma. Sin pulir hasta la extenuación la lengua portuguesa, cuyo esplendor me obsequió mi abuelo Daniel décadas después de desembarcar en Brasil.

Recuerdo que ya en 2005, en una entrevista con Ana Sousa Dias para la televisión portuguesa, le dije que incrustaría Sagres en el frontispicio de mi próxima novela, así como al infante don Enrique y demás personajes del campo. Personas al servicio de las utopías que combatían la melancolía arraigada en las regiones rurales.

No fue hasta 2018 cuando inicié la novela en la cual relataba los designios de Mateus, un campesino con un imaginario anclado en la época del infante pese a vivir en el siglo XIX. Cuando él y su abuelo Vicente sufrían de una ancestralidad atribulada que sangraba desde hacía milenios.

Instalada en Lisboa, movida por premisas estéticas e históricas, me nutría de lo que sabía e inventaba. También recurría a vestigios de la infancia, cuando me llevaron a la capital lusa para conocer el monasterio de los Jerónimos y el sepulcro de Camões. Ese poeta que inauguró el esplendor de nuestra lengua, y al que yo acudiría en el futuro para comprender mejor a su ínclita generación, entre otros, al infante de la dinastía Avís.

En mi recorrido por distintas rutas, exploraba pueblos y ciudades movida por una sensibilidad atenta a las intrigas, a los lamentos alojados en las cápsulas de la historia. Y capturaba los sonidos de la lengua hablada en épocas que emanciparon la palabra lusa. Esa materia de esencia turbulenta y poética que Mateus y Vicente habían heredado en medio del desconcierto y la oscuridad de la miseria.

Dondequiera que fuese hallaba una prodigiosa riqueza. Intuía el misterio contenido en el palimpsesto de aquella cultura. Allí la vida me llegaba al corazón, incluidos los gritos que venían del estadio de Benfica, que quedaba cerca. Nada más despertar, ahuyentaba los excesos del mundo moderno, para recorrer tierras y mares al servicio de la creación literaria.

Rodeada de campesinos y navegantes de otros tiempos, los embarcaba en la dramática odisea que nos legaron. Con qué fervor seguí los pasos de Gil Eanes en el momento de doblar el cabo Bojador. Aquella locura que estableció, junto con otras, un paradigma que hizo del reino una nación. Y que implantó un imaginario nuevo en el mundo.

Mateus acabó siendo el narrador protagonista. Junto a las aguas del Miño y la desembocadura del Atlántico, salvó los sustratos de los pueblos antiguos cuyos vestigios todavía anegaban la región. Pues aquellos afectaban a Mateus y a su abuelo Vicente, que estaban expuestos a la codicia, a las discordias históricas, a los vertidos poéticos de una naturaleza humana feroz.

La acción narrativa consumía mi imaginación. Debía poner de relieve episodios iniciales del mundo portugués. Pulir el lenguaje con el que ensalzar leyendas, sortilegios, fundaciones arcaicas. Ahora bien, para que la novela funcionara era fundamental fabular la realidad a partir de un realismo exacerbado en cuya superficie flotara el detritus de la pasión humana.

Y, a pesar de ser dueña de un destino que avalaba mi madurez como autora, sucumbía a las incertidumbres y a la fluidez del texto al borde del abismo. Mi humanismo, que venía de Camões, era mi vínculo con la lengua portuguesa. Una condición que me otorgaba el derecho a ambientar el libro en suelo portugués. Mientras el abuelo Vicente me daba a conocer el dolor del ser humano.

62. Los maestros

El hogar gallego me proporcionó pan y valores. Provista de amor, asistía feliz al Santo Amaro, una escuela de profesoras alemanas, para seguir mi destino educativo.

Bajo la custodia de las monjas benedictinas, me inicié en los misterios de la educación formal, a salvo de una vida a la deriva. Poco a poco iría ascendiendo en los peldaños del conocimiento. Al abrigo de los libros y la escritura. Devendría un espíritu universal. Por fin, lo que yo necesitaba.

Las maestras eran severas, pero estimulaban mi percepción del mundo, al tiempo que me enseñaban la utilidad simbólica del lápiz, el cuaderno, la pizarra y la alquimia de la palabra. Hacían hincapié en aquellos libros que consolidaban el saber que transmitían.

La madre Elmara Bauer, que enseñaba latín y griego, era nuestra tutora, por lo que indagaba quiénes éramos, atenta a cómo nos comportábamos. Decían que era una noble austriaca que había ingresado en la orden benedictina y contaba con una vasta cultura. Cuando intuí su nostalgia por las artes escénicas, a las que ya no podía acceder, me convertí en su amiga y *alter ego*. Así, le contaba con todo lujo de detalles las obras de teatro a las que yo asistía. Le prestaba mis ojos y mi pasión por el teatro. A cambio, la madre Elmara reforzaba mi fervor literario. Entre clase y clase, me ayudaba a desentrañar a Corneille, a Racine, a distinguir la esencia lírica de Ronsard y el grupo de la Pléyade. Así como la esencia de la poesía medieval contenida en el *Roman de la Rose*.

Las monjas defendían una pedagogía clásica basada en los preceptos de la civilización. Siempre en consonancia con los paradigmas de su formación religiosa. Pero sin privarnos de una enseñanza que alentara a enriquecer el intelecto, a fomentar la lectura en casa. Una didáctica que ayudaba a comprender la complejidad humana.

Puesto que las monjas se atenían a sus códigos, nunca sentí que reprimieran mis movimientos por rechazar algunos de sus dogmas. Como si confiaran en las irradiaciones de mi naturaleza humana. Asimismo, yo agradecía que arrojaran flechas a mi mente con la intención de dominar el vértigo que mis pensamientos me causaban cuando se combinaban al azar. Revelando así lo que estaba oculto.

Había que sistematizar el conocimiento, apreciar el esfuerzo intelectual que engendraba obras inmortales. Para ello había que salvar escollos sin temor a los reveses.

Con los recursos curriculares de la escuela, tenía la sensación de que las monjas, en nombre de la estima que me tenían, amalgamaban la masa dispersa de lo que había aprendido, para levantar con ella la casa que en el futuro abrigaría mi creación literaria. Querían evitarme el sufrimiento que siempre ha tenido el ser humano a merced de las eclosiones históricas que solaparon las utopías.

En la convivencia escolar, rastreaba la inventiva humana y los laberintos de la memoria. Ambas funciones albergaban la propia historia familiar que, al cruzar el Atlántico, hizo de mí una ciudadana brasileña. Y que junto con mis maestras me dejó en herencia el valor del aprendizaje, de la perseverancia, que con el tiempo se fortalecerían. Sin descuidar el terreno de los sentidos y las emociones. Y ocupar así un lugar en consonancia con mi alma. Con la palabra con la cual pensaría la vida.

Doy las gracias a todos los maestros que me escogieron para dar vida a sus sueños. Para ser lo mejor que tenían. Tengo en alta estima el humanismo que cada uno de ellos me transmitió con cada lección. En la vida y en el oficio de escribir, conservo la huella de su presencia. De qué modo formalizaron mi ciudadanía. Sé muy bien que las repercusiones de la enseñanza escolar son visibles en la grandeza de una nación. Y que la educación determina definitivamente quiénes somos.

63. La esencia brasileña

Concibo mi esencia brasileña imaginando que desembarco en la plaza Mauá a principios del siglo xx, en la difícil condición de inmigrante. Con las sobras de chorizo y tocino en un morral que aplacaron el hambre durante la travesía atlántica. Como quien no tiene nada que ganar todavía tras haberlo perdido todo. La lengua, la patria, la fe, los vivos y los muertos que han dejado atrás.

Sé muy bien que esta fantasía refuerza mi idea de la patria. No obstante, no la utilizo para devaluar mi pasaporte brasileño. Para proclamar que soy hija de un país injusto con los miserables e indulgente con los sátrapas, sobre todo con aquellos instalados en Brasilia. Como habitante de la periferia, expreso mi gratitud a los antepasados que me dieron el pan de cada día. Pues gracias a ellos he sido la escritora que afila todavía la pluma con la navaja de la infancia.

Así pues, soy brasileña desde cualquier ángulo que se me examine. No necesito favores para ejercer mi condición. Deposito todos mis logros ante el altar brasileño, un santuario abstracto, si bien presente en cualquier parte. Junto al muelle y en São Lourenço. O en el pleno de la Academia Brasileña de las Letras, donde obtuve los cuatrocientos años que me faltaban.

Y así como mi alma es mi hogar, Brasil es mi testigo. El sepulcro que alojará mi cuerpo.

64. Feminismo

A menudo confieso que soy una feminista histórica. Un reconocimiento que ni lacera mi pasado ni exalta mi presente. Es sencillamente la declaración pública de un estado que asimilé casi en la adolescencia, y sin esfuerzo. Como si me hubiera dado cuenta temprano del cautiverio que ha sufrido la mujer a lo largo de milenios.

El feminismo es un movimiento de dimensión universal. Sus raíces vienen de lejos y ha impulsado una revolución sin sangre, sin recurrir a las armas. Está integrado en el seno de la sociedad, no rechaza la convivencia social, ni a aquellos a quienes las mujeres aman. Solo reivindica derechos, rectificaciones históricas.

He tenido la suerte de estar en lugares donde se produjeron acontecimientos que, por su propia naturaleza, cambiarían el rumbo de la sociedad. He conocido a mujeres de espíritu indómito, convencidas de sus opciones políticas. Personas que, sin renunciar a obligaciones que se les impusieron como inherentes a su género, se esforzaban para hacer comprender a las demás que no podíamos seguir aceptando lo que el mundo nos ofrecía.

Todas las épocas han conocido mujeres fuertes, y también hombres. Sobre cada individuo, ya sea este hombre o mujer, se cierne una sentencia de muerte o un alarido de libertad. Los que resisten luchan por un humanismo que nos salve. Son personas que se construyen cada amanecer.

65. Las casas campesinas

Las casas campesinas que frecuenté estaban hechas de piedra y nada en ellas se desaprovechaba. Habían sido labradas por maestros mamposteros que, fascinados por la ductilidad de la piedra, soplaban el polvo y daban caricias prolongadas sobre la superficie lisa esculpida con cincel. Un gesto de cariño que imito cada vez que está a punto de nacer un personaje que imagino.

En Borela, la tierra de mi padre, los animales se alojaban en la planta baja de la casa. Era una suerte de confabulación entre animales y humanos que siempre me recordó, en un ámbito distinto, a los poetas goliardos de la Edad Media, hombres harapientos, vividores que al final del día se mezclaban con animales, mujeres y miserables que no tenían dónde resguardarse. Como maestros de la lírica, allá donde iban derramaban el ácido de la mordacidad, la miel de la escatología. Tal vez, como clérigos que fueron, aspiraban a la perfección de los santos que los gallegos veneraban.

En estas moradas de exiguos enseres había sobre todo pan, chorizo y patatas, las huellas de una civilización. Indicios de que los gallegos habían luchado como lobos para llegar vivos al amanecer.

66. Lisboa

Viví en Lisboa en el año 2018. Me instalé en esa ciudad luminosa con la intención de estudiar el paisaje, los sonidos de la lengua, los sentimientos del pasado que a veces afloran en el presente, e investigar para una nueva novela, *Un día llegaré a Sagres*, a medida que la iba escribiendo.

En este ínterin, mi editora portuguesa, Guilhermina Gomes, decidió publicar *Una furtiva lágrima* aprovechando mi presencia en la ciudad y la reciente asignación del Premio Vergílio Ferreira, y el galardón de la Lusofonia, que abarca el universo portugués. También aprovechó la circunstancia de que Correntes d'Escritas, el congreso de escritores de expresión ibérica más renombrado de Portugal, que se celebró en Póvoa de Varzim, me había elegido como invitada de honor del encuentro y me había dedicado su revista anual. A mi editora le pareció una buena ocasión para disfrutar de mis últimos días en Portugal. Accedí a la propuesta y me sentí cual joven estudiante contemplando el cielo de Lisboa.

67. La otra orilla de la utopía

Galicia siempre ha tenido alas. Ha sido un pueblo dado a cruzar fronteras, a deambular por el mundo cual Ícaro, alentado por las culturas que se asentaron en la península ibérica.

Aun cuando se posaba en las aldeas o en las proximidades del mar, Galicia alzaba el vuelo. Le bastaba con contemplar Finisterre, donde el mundo parecía terminar, para arrojar a las tempestuosas aguas del océano a hombres y barcos, cual holocausto, y aprestarse a arribar a las Américas con sus levas de emigrantes.

La vocación de alcanzar la otra orilla del Atlántico se manifestó pronto, propiciada tal vez por una imaginación alimentada por los olores marítimos, por las peregrinaciones medievales, por los descubrimientos, por la pobreza.

Además, la configuración geográfica de Galicia tendía un puente colgante hacia el oeste, un punto cardinal que casi permitía una presencia ubicua en las costas de América y en el país natal. Gracias a la convicción de que podían arraigarse tanto en Buenos Aires como en Bahía o en Cuba.

A medida que perlongaba la costa americana y residía al oeste de sus mapas, la expansión geográfica devino parte del alma gallega. Propició la melancolía, el espíritu de aventura, la convicción de formar parte de las islas, del ecuador, de los meridianos, de los hemisferios, de los puntos cardinales, donde ofrecer sangre, conocimientos, civilización, familias.

Debido a su inestabilidad en el país de destino, los gallegos, señores de tradiciones y utopías, de supersticiones ilusorias que, en conjunto, reflejaban vestigios arcaicos, contribuyeron a construir las narrativas continentales. Se creaban la ilusión de albergar sentimientos originales como si fueran autóctonos.

Yo nací de ese impulso aventurero. De una cultura familiar de la cual Galicia me prestó el arte de prolongar los relatos una vez iniciados, para hacer creer a los demás que la imaginación humana no tiene epílogo. En Cotobade, el municipio de la provincia de Pontevedra donde viví dos años, enseguida aprendí que los gallegos, tan pronto recalaban en Brasil, iban soltando lastre en forma de símbolos, sonidos de la propia lengua en cuyo origen el galaico-portugués había anidado con sus efluvios, su gloria poética.

Gracias a esa experiencia, me sentía heredera de la épica de la inmigración que, pese a estar constituida de antihéroes, simbolizaba la actitud revolucionaria del inmigrante que, negándose a ser un simple usurpador de la riqueza nativa, se convertía enseguida en un ciudadano que acataba las leyes y costumbres locales.

Los gallegos, de carácter discreto, contaban con una astucia secular, fruto del maltrato infligido por las élites y el clero, cuya intolerancia no perdonó a nadie. Cabe recordar que, en el distante siglo XII, la Iglesia llevó al cadalso al místico Prisciliano bajo la acusación de hereje.

Y, a pesar de tomar derroteros adversos, los gallegos iban siempre con los poemas y las canciones de Rosalía de Castro, la única mujer de Occidente que representaba una literatura nacional, y hacían resonar en el inconsciente cultural de las Américas las cantigas de amigo de la Edad Media, que difundieron en su seno, bajo una forma lírica y al abrigo de cierta inocencia, un erotismo incandescente. En el folclore americano también afloraron resquicios de las jotas y la muñeira, que yo bailaba en el atrio de la iglesia de Borela en las fiestas de verano. También el sonido de las gaitas que se tocaban en las festividades y que evocaban el año 1924, cuando en Galicia surgieron los primeros movimientos independentistas. Asimismo, en las cátedras brasileñas, las memorables *Cantigas de santa María*, que Alfonso X el Sabio compuso en gallego, gracias a su ama de leche, que le enseñó el idioma.

Paralelamente al arte de sobrevivir, los inmigrantes destacaban en el noble oficio de la cantería, gracias al que construyeron la catedral para el apóstol Santiago en Compostela. Con una genialidad conmovedora, el maestro Mateus esculpió el Pórtico de la Gloria, dramático frontispicio teológico, y le dio perpetuidad.

Ahora bien, el mayor logro de Galicia fue instilar su plasma en las venas americanas, haber logrado que sus descendientes formaran parte del sistema sanguíneo que propició un espléndido mestizaje. Un acontecimiento histórico que envolvió a sus aldeas en la misteriosa génesis del continente.

68. Mi Scherezade

Voces del desierto, la novela que publiqué en 2004, requirió una investigación que me permitió conocer en profundidad los orígenes de la cultura islámica. Abarcó el estudio del Corán, la dinastía abasí, las artes, su soberbia caligrafía, la lengua, los sufíes, la Escuela de Traductores, Bagdad, esa urbe enclavada entre el Tigris y el Éufrates, y los cuentos milenarios de *Las mil y una noches*.

Procuré no escribir una novela erudita. Combatía la riqueza acumulada para concentrarme, eso sí, en el arte de narrar, con Scherezade como ejemplo. Siguiendo el método narrativo que ella había aprendido siendo adolescente, cuando se vestía de muchacho para poder visitar el popular bazar de Bagdad, las callejuelas y locales donde los miserables refinaban la tradición oral.

Fui Scherezade en todo momento. Ya estuviera deambulando por Bagdad o dando clase en Miami y Washington. Transportada por evocaciones épicas, construía minaretes verbales, recolectaba los murmullos de la urbe. Entablaba constantes combates entre la imaginación de la princesa y la abusiva carnalidad del califa. Quería persuadir al monarca de renunciar al poder a cambio de la seducción que emanaba de la palabra, convencerlo de que dicha decisión lo fortalecería en el trono. Pues la palabra era más valiosa que cualquier construcción de piedra.

Y así fue. Me aseguré, hasta la última página, de que las historias contadas pertenecieran realmente a la milenaria Scherezade. Un rostro sin duda hermoso que, sin embargo, no conocí. Cuánto lamento que no pudiéramos conversar, que no pudiera mostrarme el arte narrativo que persigo desde la infancia.

69. La cultura

La percepción que a veces tengo de la cultura es su valiosa capacidad para eliminar fronteras, para sembrar polémica. Me permite creer que mi nariz es como la del resto de los seres humanos. Que de nada sirve levantarla con altivez, recibir aplausos. Cualquier muestra de arrogancia tendrá su fin en una tumba, bajo siete palmos de tierra.

Es bueno saber que todos empleamos el mismo lenguaje para decir sufro, tengo hambre, amo. Como mestizos en tierra mestiza, fruto del cruce de todas las cópulas, responsables de todas las pieles del mundo. Lo cual hace de mi abuelo Daniel de Cotobade un negro, y de un abuelo negro de Angola, un gallego blanco.

La cultura nos enseña que la belleza no admite expurgaciones. El macho rubio y la hembra pelirroja no son referentes estéticos, ni un patrón de superioridad. Basta con haber nacido para ser hermosos e inventar la epopeya del mundo. Pues, aunque nos incita a hacer el bien y a hacer el mal, sabe cultivar jardines, concebir a Mozart, llorar con Velázquez. ¿Cómo explicar si no que *Don Quijote*, una vez traducido, pertenece a quien lo lee?

70. *Libro de horas*

Hablar en primera persona requiere audacia. Pero es una opción natural. Cuando hablo por mí, o pienso por mí, incorporo a los demás a mi genealogía. No ando sola por el mundo. Soy diversa, soy muchas. Mi lenguaje reverbera, abarco la memoria de todos en mi psique. El colectivo me afecta, está contenido en mi primera persona, que es una experiencia dramática. Es saber que estamos solos en el mundo, que no nacemos de una camada. Así, al narrar mi propia historia, me atengo al pacto de contar la de todos. *Libro de horas* fue una experiencia que trascendió la estética, el arte narrativo.

71. La soledad de la palabra

La soledad es un vuelo ciego, sin rumbo, no sabe cuándo se alzará, ni hacia dónde irá. Las palabras que la envuelven insinúan carencias, una atracción por aquello que nos humaniza. Con todo, nada llena el vacío que nos hunde en la agonía. Y ni el filtro poético de la lengua nos induce a la salvación.

72. El portugués

El portugués me permite expresar aquello que necesito decir. Y me permite excederme, fingiendo ser un trovador que llama a la puerta de los castillos y va de la feria al prostíbulo.

Poco importa si en mis horas libres hablo con Dios en esta lengua. Porque él entiende el latín, el sánscrito, en fin, las lenguas que hablaban los hebreos en torno al Arca. En parte porque ese Dios no me responde, finjo que es afásico para su comodidad, como si de este modo acatara las órdenes de alguien que dice estar por encima de él.

Cuentan que Carlos V del Sacro Imperio hablaba con Dios en español, lengua que aprendió a partir de los quince años, a su llegada al litoral de España, cerca de Tordesillas, con el propósito de destronar a su madre, Juana la Loca. Pero ¿alguien lo oyó conversar con Dios en igualdad de condiciones? ¿Se postraba ante él, o le hablaba como si estuviera dirigiendo a su ejército desde su trono?

Ninguna lengua está a salvo del espíritu demoledor del ser humano. Al fin y al cabo, si el hombre inventó la palabra, también es capaz de aniquilarla. Sobre todo porque lo considera un método eficaz cuando graba sus palabras para la eternidad. ¿Y qué clase de eternidad es esa, que se desvanece en la noche de los tiempos? Y, entre las ruinas verbales de nuestros días, constato la grandeza de los clásicos. De aquellos que tuvieron la suerte de dejar, a su muerte, una obra para los pobres mortales que los sucedieron. ¿Acaso Homero, Cervantes, Camões, Shakespeare y Machado de Assis habrían empleado todos los recursos de sus respectivas lenguas?

73. La infancia en casa de mis abuelos

Recuerdo la infancia en la casa de mi abuelo Daniel, en Río de Janeiro, cuando al principio formábamos un grupo audaz que se vanagloriaba de su vida y sus hazañas. Y que brindaba por Brasil y por España como si sus cuerpos obraran el milagro de estar en ambos países a la vez. Creencia que siempre he respetado, por pensar que así actuaba en interés de mis propias convicciones.

Ahora que todos se han ido, abuelos, padres y tíos, pronuncio sus nombres en silencio, sin eco, con cierta devoción. Casi sin mover los labios. No quiero que los demás reconozcan mi dolor, ni lo mucho que me afecta vivir sin ellos. Quizá por eso hablo tanto de ellos en casas ajenas, donde soy muy bien recibida. A lo largo de los años, solo he tenido que retirar sus lugares en la mesa, privarlos del vino y del pan. En el sitio que ocupaban los objetos inanimados, como platos y cubiertos, ahora quedan sus recuerdos que yo avivo, y la brisa que me llega de Lagoa, el barrio en el que vivo, casi a los pies del Cristo Redentor, una de las maravillas del planeta.

Recuerdo las comidas que solíamos tener, y reparo en que son igual de ingratas que los hombres. Antes, por Navidad, mi familia, toda de origen gallego, se empeñaba en repetir los mismos platos, como el pulpo importado de España en aquella época del año. Esa criatura marina de ocho patas marcó mi vida para siempre. Esa criatura que se resistía a compartir mesa con aquella familia, tal vez por sentirse extraña en el país al que había ido a parar. Sospecho que era así porque había que golpearlo con fuerza contra el mármol del lavadero, que estaba en el patio de casa, antes de sumergirlo en agua hirviendo.

De niña me horrorizaba el espectáculo de someter a un animal con el fin de satisfacer a aquellos que se lo comerían, bañado en la salsa que mi madre aprendió a preparar de sus padrinos, originarios de la isla de Arosa, donde declaro haber degustado la mejor comida en muchos años. Así y todo, observaba que la insistencia en reblandecer los tentáculos no ofendía a aquel animal extravagante, cuyas múltiples piernas nervudas, bien que simétricas, avivaron la imaginación de esta futura escritora, que jamás borró la imagen de aquel ser prehistórico que se arrastraba por el fondo del mar sembrando el pánico entre los peces azorados en medio de la oscuridad oceánica.

Hoy, tantas décadas después, diversos cambios han afectado a la cultura familiar. ¿Cómo iba a imaginar que, tras la muerte de sus fundadores, Amanda y Daniel, adoptaríamos la costumbre de servir el pavo con harina de mandioca, con menudillos y aceitunas sin hueso, y el jamón ahumado conocido como *tênder*, con guarnición de fruta asada y huevo hilado? Mientras que el pulpo y el bacalao, otrora sagrados, poco a poco fueron desplazados del centro de la mesa en torno a la que gravitábamos, lo cual quizá hacía sentir a alguno de nosotros la punzada del recuerdo en el pecho.

¿Seguimos siendo los hijos que renegaron de sus orígenes, de sus nombres heredados, pese a comportarnos con honor y dignidad en estos tiempos disolutos? ¿Somos pues sucesores ingratos? ¿Hemos dejado de ser quienes éramos? Y, si es así, ¿qué define nuestra identidad? ¿O es que sencillamente la Navidad que antes celebrábamos se desvaneció no por culpa nuestra, sino debido a un Brasil que ya no reconocemos?

74. El mutismo de Dios

A pesar de todo, el mutismo de Dios colaboraba con mi escritura. Escalábamos juntos la montaña para acariciar algún día el poético corazón humano. Pero ¿era realmente así, o vuelve a confundirme la exaltación de la palabra, ese vértigo divino?

Ante el escenario de algún teatro, al abrirse el telón, me sentía a la deriva, llena de gracia, dispuesta a acoger la anunciación de la vida. El arte se revelaría ante mí, benefactora y prodigiosa. Y yo confiaba en que sus efectos perduraran en mi memoria. Valoraría mi naturaleza humana en función de lo que sucediera en el escenario. Pues, al obtener un atestado libertario avalado por el arte, podría brindar al prójimo lo mejor de mí. Sería una mujer de fe. Bautizada por el arte.

Además, Dios me acompañó desde la cuna. Pues formaba parte de la genealogía familiar. Un legado que nunca fue una carga. Al contrario, ya que en vez de mermar mi impulso vital amplió mis horizontes, proyectó luz sobre el imperioso oleaje de la vida cotidiana. Sin arrebatarme las excelencias de mi vida privada, de la audacia estética con que afronté los misterios de la literatura, de la valentía narrativa de desentrañar el guion ajeno, de comprender la colisión que se producía entre todos. Me brindó la certeza de ser un modelo imperfecto. La réplica de un prototipo propenso a equivocarse, que a pesar de todo luchaba por recuperar las partes que le faltaban.

Abrazar a Dios benefició a la mujer y a la escritora. Me permitió forjar una complicidad que me ayudó a confiar en las acciones humanas. Y todo porque, desde la infancia, conté con una imaginación panteísta habitada por dioses y hombres que, gracias a que vivieron en los siglos III y IV, periodo que hizo posible la libertad de ser pagano y cristiano a la vez, pudieron instaurar símbolos e ideas innovadoras. Una aventura que no me impidió seguir la huella monoteísta, admirar a santos y profetas exaltados, como el apóstol Pablo, limitar los rituales amorosos que se oponían a la sangrienta lujuria, a la abominable condición humana. Rituales que me hicieron creer en la perfección del portentoso aparato que es Dios. Y de ahí provino el sentimiento andariego que reivindicaba el derecho a levantar tiendas ya en el desierto del Sáhara, ya en el salón de casa. Mientras me sublevaba contra un Dios dispuesto a cancelar mis sueños.

Tal creencia no me impidió aceptar que los demás proclamaran de qué sustancia estaba hecha una hija de Dios, incendiaria y dogmática como yo. Y es que, desde la condescendencia, me seguía preguntando cómo Dios, que fue diseñado a partir de la necesidad humana, había accedido a asociar su efigie a nuestra perfección. ¿Fue acaso la manera que encontró para seguir siendo el Dios de los hombres?

75. Cotobade

Cuando hablo de Cotobade llevo sus leyendas conmigo. Aguzan mis recuerdos e impiden que me marchite. Todo ese acervo me alimenta. No modernizo los mitos gallegos en un afán de hacerlos contemporáneos. ¿Para qué? No quiero vestirlos a la moda, con andrajos que parezcan falsos. Los mitos no se actualizan. El núcleo mítico de mi Galicia se extiende más allá de las aldeas que he amado. Así, cuando menciono los hórreos, esos refugios de piedra sostenidos por pilares donde conservaban las mazorcas a salvo de los roedores, y que adornan el paisaje gallego, me refiero a ellos como los llamaban en casa de mi abuela: *canastras*. Alguien me indujo al error, pero poco importa. Es legítimo llevar por el mundo esta visión gallega, incluso cuando diserto sobre la contemporaneidad.

Muy pronto, a través de la familia, indagué sobre el periplo del inmigrante. Este no me engaña, no me oculta sus secretos. Lloro, a pesar de que los inmigrantes que yo conocí apenas me contaran nada. Cuando llegué a Vigo de niña, aquello me pareció una tierra inhóspita, fría, cuyas mujeres iban vestidas de eterno luto. Pero, cuando llegué a Borela y vi el puente medieval y la capillita a la entrada, me invadió una asombrosa ternura. Juré que amaría aquella tierra para siempre. Y así ha sido hasta ahora.

76. *La república de los sueños*

La trama novelesca de *La república de los sueños*, obra que se publicó en 1984, me desconcierta. La materia verbal del texto no permitió reducir ni atenuar los conflictos. Sobre ella se cierne cierta trascendencia relacionada con la extraña idea que se tiene de la patria, del lugar donde nacemos. La narración sugería idearios, imaginaciones, cargas propias de la civilización. Alude a las miserias y los sueños de ambos continentes. La narrativa gallega se remonta al medievo, y se extiende hasta la expulsión de sus hijos a América. Un mundo hostil para quien llega sin identidad y que pasará a formar parte de la argamasa brasileña.

Cuando la novela se adentra en la historia de Brasil, de cómo se forjó una nación, cada cual vive su humilde utopía individual, que se pierde en una épica colectiva, sostenida con dolor. Una saga que narra las irregularidades humanas de una comunidad inmigrante y brasileña.

También abunda en material iconográfico, con un entramado que abarca el drama de Brasil y los inmigrantes que aquí desembarcaron, despojados de la fortuna que habían vislumbrado en una nueva América. Una trama que asumía las incertidumbres de una humanidad al raso, provista, sin embargo, de creencias ancestrales. Personajes que, en virtud de su ascendencia, arrastraban consigo evocaciones y a sus muertos. Cada cual delegaba su propia historia en el otro para que interpretara a su entender los símbolos de cada pueblo.

Detrás de cada inmigrante estaba la memoria, que se restauraba a diario, mientras se ganaban la vida. Y la necesidad de reforzar su identidad, sus símbolos culturales, frente a los codiciosos estratos sociales. Genealogías perjudicadas que encontraban alivio en la constelación de mestizos, marginados como ellos.

En la novela yo exponía sus intimidades, las emociones y los delirios de la carne. Las vidas de Eulália, Madruga, Venâncio, Odete, Esperança y Breta transcurrían a lo largo de la narración. Un heterogéneo elenco de facciones bárbaras y cultivadas que cruzaron el Atlántico. No les reservé un destino específico. El nuevo mundo imponía sus nuevos conceptos. Yo debía asumir lapsos, equivocarme con ellos. Mi imaginario me daba pistas sobre la dirección que seguir a lo largo de más de doscientos años. Me proporcionaba parajes reales y fantasmagóricos engendrados por esos pueblos.

Sirviéndome de lo que sabía, puse de relieve idiosincrasias, prejuicios, flaquezas, discursos perversos. Repartía fragmentos de falsa retórica, abrigaba la esperanza de resucitar a los hijos de la patria estancados en un espectáculo a punto de escenificarse.

Pero sobre todo protegía su recuerdo. Velaba por la eficacia de su idioma, un elemento importante sin el cual *La república de los sueños* no existiría. Una memoria presente a lo largo de treinta y siete capítulos que recogían la penuria, la soledad, los delirios, el fracaso de los ideales individuales, del Imperio, de la República, de las rebeliones y de las dictaduras. Los temores de una civilización, una urdimbre de etnias. El mundo, plasmado hace milenios. En definitiva, el tablero de ajedrez sobre el que se movían los personajes, convencidos de la inmortalidad de la vida.

77. La Virgen de Borela

Desde la mesa sobre la que ahora escribo, observo el cuadro que retrata el puente medieval y la pequeña capilla de la Virgen de Lurdes, de Borela, la aldea de mi padre, donde fui espléndidamente feliz. Ambos monumentos despertaron mi amor por Galicia. Fue una revelación portentosa, cuando tenía diez años. Me bastó con verlos aquel frío y lluvioso día de noviembre, tras desembarcar en Vigo y seguir en carro hasta Cotobade. Me alcanzó una ráfaga de flechas de amor, que el destino me disparó. Con amor súbito, escudriñé el puente, la Edad Media que alcanzó misteriosamente a aquella región, y la capilla que, sin duda, emitía señales milagrosas. Un auténtico asalto a mi persona, pese a ignorar qué significaba estar en esa Galicia que mi familia había dejado atrás para trasladarse a Brasil. Acaso arrastrando consigo la carga de una nostalgia de la que jamás se librarían, como tampoco yo. Probablemente porque, al olvidar la situación de pobreza en la patria gallega, la distancia la convirtió en una ilusión. En una suerte de quimera comparable a la mía cuando escribía.

Lo que sucedió en Cotobade tras mi llegada solo a mí concierne. Como si hubiera concedido a aquella tierra el poder de extraer el plasma esencial de mi vida.

El cuadro, que conservo en el salón y que muestra la capilla y el puente resaltados en esmalte, me fue obsequiado en 2005 durante una hermosa ceremonia en que Cotobade me honró con el título de Hija Adoptiva. Fue un homenaje tan emotivo para mí y para mis muertos que sentí que recibía el premio de las manos de un Dios dispuesto a repartir bondades entre los seres humanos con el pretexto de volverlos compasivos y generosos. Para que todos albergaran en su pecho un mérito indescriptible.

Ese Cotobade al que me refiero arde ahora en llamas. El fuego carboniza mi Pé da Múa, el modesto monte que he celebrado en mis libros, en mis discursos, en algunas reflexiones, que estoy perdiendo con profunda pena. Ese monte que, a una tierna edad, comparé con el Annapurna, y hasta con el Everest, conforme dictaba mi imaginación. Cuántas veces recorrí sus senderos creyendo emprender una inolvidable escalada, y me instalé a la sombra de un roble secular sin temer el aullido de los lobos y del viento del norte, que se confundían.

Cuando supe la noticia del incendio habría querido ser Ícaro para salvar Galicia. Pero ¿qué podía hacer para ayudar a la tierra de su padre una humilde escriba que habita en el corazón de Brasil? Y una escriba sin recursos en su haber. Mis manos ya eran torpes, y me faltaba el soplo de Neptuno para desviar las aguas del mar hacia aquellas tierras. Sé que las llamas no dan tregua, más bien avanzan. La desesperación asalta a todos, la tragedia los acecha. ¿Cómo proteger casas, arbustos y árboles en los dominios del infierno?

Las noticias aseguran que la situación es devastadora. El fuego se extiende, desafiante, y no eximirá de la quema al territorio donde fui tan feliz. Esa Galicia a la que los inmigrantes que se establecieron en mi patria cantaban en prosa y verso. Una tierra a la que prometí regresar. Y recorrer sus pueblos y ciudades, junto con las vacas que adoraba y a las que llamaba «manchadas».

Me consta que cada gallego azotado por el dolor recurre a la memoria para no olvidar jamás cómo era su paisaje antes de que el fuego lo arrasara como si quisiera borrar Galicia para siempre. El corazón gallego, repartido por el mundo sin apagar el menor trazo del recuerdo, llora como lloro yo ahora. Lamentan la pérdida ante la inminente necesidad de reconstruir lo incinerado. El paisaje gallego habrá de florecer de nuevo. Y yo, aunque esté lejos, ayudaré a recuperar el Pé da Múa. Restauraremos Galicia desde las cenizas, y recuperará su grandeza.

78. El placer de pensar

¿Cuál es el lugar propicio para pensar? ¿En casa, a la hora de dormir? ¿En la calle, en medio de la soledad del tráfico? ¿O cuando una está estrictamente sola, y tiene la convicción de ser la única persona capaz de sostener el peso del mundo en la espalda, como un Atlas moderno? ¿O en medio de la multitud, sin saber qué dirección seguir, con la expectativa de enfrentarse a una realidad decisiva? ¿O acaso durante una visita a la iglesia, donde Dios, en su condición de anfitrión, insta al hombre a abandonar las aflicciones del día a día para experimentar, por un instante, la levitación de los ángeles, la abnegación de los santos?

¿Existe una geografía que aúne belleza y serenidad y, así, propicie la reflexión sobre el misterio del ser humano y su trayectoria en la tierra? ¿Que ayude a hacer aflorar las ideas, las palabras que, a su vez, arrancan otras como una suerte de purga? ¿O acaso para reflexionar de verdad hay que retirarse en un convento, lejos de la tentación que nos rodea, dar la espalda a las nimiedades, a lo práctico, a la supervivencia, a la ambición, al afán mercenario?

¿Es posible que estemos condenados a meditar limitados a nuestra humilde individualidad? ¿Y que, por lo tanto, seamos incapaces de desarrollar pensamientos que, unidos, expresan un concepto que lleva a otro, cada uno de ellos vinculado al alma cósmica del hombre? Como si el fuego del Espíritu Santo acudiera al auxilio y nos hiciera creer de una forma profunda, consecuente. Como si nos hiciera compartir palabras amables como quien siembra el campo con trigo, ansiando alimentar a esta inerme especie humana.

¿O pensar solo es asunto de filósofos, de intelectuales, de artistas, de artífices de la palabra y las emociones y, por lo tanto, no está al alcance de todos? Como si esta facultad no fuera un atributo natural de las personas. Ya que parece tan doloroso formular una secuencia verbal, o en silencio, desde los adentros. Cuando cada vez es más difícil detenerse en medio del naufragio de la contemporaneidad y preguntarse, al menos una vez, quién soy y qué hago en medio de las demás criaturas.

¿Existe alguna región del planeta donde se nos permita reflexionar con la misma gratuidad con que masticamos el pan? ¿Existe un paisaje inspirador en el que podamos divagar sobre temas difusos que nos lleven a arraigarnos en todas partes, aun sin la garantía de un retorno feliz o de un beneficio concreto? ¿Pensar, en fin, sin una perspectiva de lucro, sin una finalidad, sin agradar a los hombres, sin pedir a Dios que nos perdone por haberlo ofendido? Y hacerlo como si se estuviera solo en el mundo, bajo la amenaza de ser el último de su especie. Y atenerse, por ello, a la agonía de proclamar que existo porque pienso.

79. La inmigrante

Sospecho que la esencia brasileña de Clarice Lispector se basaba en su amor por la lengua portuguesa, que transformó en lenguaje, y en los panoramas del Nordeste, el litoral ganado a costa del sacrificio de unos padres que arribaron a Brasil tras interminables tormentos. Creció fascinada por cuanto descubría a su alrededor y por otros paisajes que se fueron sucediendo a lo largo del tiempo. Cuando regresó a Río tras años en el extranjero, a menudo aplaudía la belleza de la ciudad, sus playas, los relieves montañosos, que le servían de referentes íntimos. Y concluido el exilio, tan pronto se instaló en Leme, hizo del barrio su hogar.

Hablaba poco del imaginario de su familia, de la huida de Rusia. De cómo fueron despojados de sus bienes, de su identidad, de los recuerdos, por los pogromos que sufrieron, las persecuciones a los judíos. Tales vicisitudes hicieron posible que Clarice naciera en una cuna. Entre penurias y un futuro incierto, su familia se instaló definitivamente en su nueva patria.

Ella evitaba recordar aquel pasado. Yo intuía que esos recuerdos la apesadumbraban. Conocía los temores que perseguían a los inmigrantes, siempre a la expectativa de perder su refugio, fuera o no legal la causa. Un lugar que solo les pertenecería si, eternos apátridas, convencían a autoridades y vecinos de su condición inofensiva, si eran trabajadores serviles, ante unas leyes que a menudo arbitraban en contra de sus derechos. Un ejemplo es la Ley Adolfo Gordo, promulgada en São Paulo en torno a 1907, mediante la cual cualquier inmigrante podía ser expulsado del país sin juicio previo.

La enfermedad de su madre, que falleció en el Nordeste, le dejó un dolor profundo, la enmudeció. Un sufrimiento que, sumado a tantos otros, a los de su propia alma, agravó su mutismo, su extrañeza, el sentimiento de estar ausente en el mundo. Entonces yo ya intuía esos vacíos rayanos en la melancolía, pero evitaba escrutar sus abismos secretos.

A diferencia de Clarice, a mí ser hija de la inmigración me hizo bien. Me concedió la certeza de ser universal, la capacidad de llamar a la puerta de cualquier civilización sin que se me negara cultura alguna. Allá donde fuera, lejos de casa, jamás perdería Brasil. Este me pertenecía y me permitía disfrutar libremente de cualquier rincón del mundo, sin por ello perder un solo fragmento de aquel. Cuando viajaba por exigencias del oficio de escritora, lo hacía con gusto, no por desapego a Brasil, sino por el afán de ser Simbad, el aventurero. El marino de los siete mares.

Clarice se resistía a viajar al extranjero, donde había vivido durante años por motivos conyugales. Le costaba mucho alejarse de Brasil, privarse de los sentimientos que solo podía darle su país. Mientras que yo siempre llevé a Brasil conmigo mientras viví en el extranjero.

Clarice se resentía cuando alguien señalaba que no era brasileña de nacimiento. En una ocasión, durante una entrevista en que solicitó mi presencia, un periodista afirmó con arrogancia que ella no había nacido en Brasil. Cuando advertí su gesto disgustado, reaccioné diciéndole que Clarice Lispector era más brasileña que cualquiera de nosotros. La lengua portuguesa, que ella transformó en arte, la avalaba para el pasaporte de nacimiento.

Con todo, ser inmigrante, o hija de la inmigración, siempre ha sido motivo de percances, de recelos. Tenías que demostrar que contabas con una genealogía cultural, con costumbres que procedían de las creaciones del mundo. Demostrar que tenías un propósito firme respecto del país de adopción. Y confirmar, como hijos y nietos de los que aquí llegaron, que nuestros antepasados no se apropiaron de una parte de Brasil. Que más bien dieron a este continente descendientes como Clarice y yo, fervientes entusiastas de la literatura brasileña.

80. La familia

La familia suscita sentimientos de amor y de furia. Más allá de proveer el pan y el techo, se instala en el vestíbulo y en los salones del arte, decide cómo quiere ser retratada. La trayectoria de los hijos, cualquiera que sea, garantiza su inmortalidad. Aquí estoy yo para hablar de ella.

Ninguna historia oral o escrita discurre sin particularidades ni maldades. Es imperativa como el propio Dios.

En ella confluyen nuestras aflicciones. De la familia se desprenden recuerdos y restos que arrojan culpa, crímenes y el sufrimiento del mundo. Basta con decir «érase una vez» para que surja de inmediato una historia que tiene como protagonista a una madre, un padre, antepasados, secretos ignominiosos o inolvidables actos de benevolencia. Todo aquello que estreche un vínculo con los amantes y, a la par, con el príncipe de las tinieblas. O con el genio de la lámpara, o con el verdugo que ansía llevarnos al cadalso.

La sangre que irriga mi cuerpo, que emana de la familia, es el plasma que me define. Está detrás de cada uno de mis actos, y cuando confío en haberlos olvidado, creo que están lejos de mí. Porque sé que algunas de mis costumbres llevan apellido, las comparto con otros miembros de la misma estirpe.

¿Acaso cuando escribo cedo a la tentación de incluir en un personaje algún rasgo de mi familia? ¿Aunque disfrace mi relato con la tercera persona? ¿Un personaje mitad inventado, mitad de origen familiar? ¿Aun cuando evite la primera persona, que podría comprometerme?

Comoquiera que sea, todos nosotros, Homero incluido, formamos parte de un legado inagotable que nos vincula a los siglos precedentes. Y, aunque estamos condenados a jamás inaugurar nada, seremos herederos de una genealogía de bárbaros, capaz, sin embargo, de construir una cultura. Entonces ¿qué hacer con ese linaje del cual pellizco inadvertidamente esos pedazos que me completan?

¿Es el destino de un escritor navegar sin rumbo, a la espera de que le venga a la mente una historia? ¿Y todo por ser un poeta que mantiene el equilibrio sobre las cuerdas del verbo? ¿A quién sirvo? ¿A la familia que me aprisiona o a la creación que me enloquece? ¿A mi familia o a la de Príamo, que arriesgó la vida para recuperar los despojos de Héctor, su hijo, caído en combate contra el invencible Aquiles, ese héroe que al nacer fue sumergido por su madre, Tetis, en una tina de agua que prometía la inmortalidad?

Tetis se limitó a actuar como mi familia, pues también desplegó una malla que protegiera a sus vástagos, para que no sucumbieran a la fiebre ni a una epidemia. ¿No es acaso el deber de una madre arrojarse a las llamas del infierno, o vender su alma a cambio de la promesa de accionar un artificio que permita salvar a un hijo?

Carmen, mi madre, habría muerto por mí. Me lo confesó un día, y yo le creí. Siempre estuvo dispuesta a cultivar mi espíritu y a santificarme con la aureola de la divinidad, si esta venía a visitarnos.

Así veo a la familia. A mi familia, que está entrelazada con todas las otras. A la familia del Edén, a Abel y Adán, dispuesta a matar si es necesario. Y de hecho, así fue, se mataron entre ellos.

81. El pecho ajeno

Pido permiso para acceder al corazón afligido del lector. Para entrar en sus arterias y reunir de primera mano la dichosa y lastimada evidencia de su conmovedora humanidad.

Prometo quedarme solo unos pocos días en ese corazón, una extraña aldea que palpita, que tanto se parece a una ciudad poblada de héroes y villanos. No pienso incomodarlo, estaré el tiempo justo para las indagaciones habituales. Como conocer su nombre, su profesión, su lugar de nacimiento, la lengua que habla. Y, sobre todo, averiguar qué lenguaje gobierna los afectos, las penas, la sagrada furia.

De visita a esta región sagrada, me afanaré en averiguar cómo afloró el amor en su vida. En qué circunstancias se acumularon tantos secretos y misterios en el curso de una biografía. Y tampoco descuidaré sus sueños. Quiero saber si estos, ante un amargo enfrentamiento con la realidad, se contraen, desaparecen o sencillamente resurgen al día siguiente con la persistencia del día anterior.

Me agrada descubrir de qué se alimenta la familia, la dueña de ese corazón, cuando se sienta en torno a la mesa. Cuando, movida por el hambre, por la tradición de revisar los sentimientos que fatalmente la amalgaman, contabiliza los bienes terrenales, se queja del exceso de sal o de la monotonía de la vida cotidiana. Todo ello, para averiguar con qué fuerzas cuenta ese rebaño humano para cargar a hombros la cruz del destino colectivo sin decaer jamás.

También conviene averiguar, por medio de documentos, fotografías, cartas de amor y despedida, conservadas en los cajones, de dónde viene ese corazón para que hoy esté arraigado en ese lar. Si vino de un remoto rincón brasileño que ni los mapas reflejan, o si heredó la sangre extranjera de personas que aquí desembarcaron, cargando entre sus pertenencias el imaginario cultural que todos los pueblos de la tierra han engendrado a lo largo de milenios.

Durante mi visita a ese corazón, auscultaré sus apasionantes resonancias magnéticas, remaré por sus arterias, que recuerdan los canales de Venecia. Y, cuando quiera esquivarme porque se moleste, le diré con humilde cautela que yo nací para pedir limosna y cariño a cualquiera. Únicamente para recibir a cambio, como premio, el valioso regalo de permanecer unas horas más en esta vida. Para ganarme el derecho a prorrogar una estancia que al principio parecía difícil y que ahora, tras tomar la decisión de soportarnos el uno al otro, se ha vuelto mucho más amena.

Solo con permiso ajeno haré otras preguntas que expresen mi interés. No quiero que el corazón vecino crea que, por haberlo seducido, ahora me es indiferente. Su dolor ya no me concierne, y su humanidad contraría la mía. Lejos de ser una intrusa que, una vez ganada su confianza, fuerza la entrada a su hogar.

Pero ¿cómo demostrar mi propósito? ¿Cómo convencerlo de que una vez estuve al servicio del rey Arturo, que me alineé con su código? ¿Le valdría que le ofreciera a cambio mi corazón inquieto, soñador, casi obsoleto, dispuesto a confesar que se inmola todos los días, de tanto que precisa de sus semejantes? Rara es la semana que no se expone a la furia del holocausto. Y que aspira a alistarse en el corazón ajeno, encender en él una hoguera, calentarse en sus llamas.

¿Acaso es mucho pedir?

82. Mi amigo Rubem

El misterio de la creación era para Rubem Fonseca el pan de cada día. Traducía el mundo que se desmoronaba en torno a él y se emocionaba. En su obra escasea la compasión, que echaba en falta, para poner de relieve la imperfección humana. Según sus propias palabras, era un moralista latino, forjado en el molde clásico, y por lo tanto sufría por ser quienes somos y que no quería que fuéramos. Su admirable obra es un aullido al instinto más profundo del ser humano. Ensalzo su particular teatralidad, para mí una emocionante aventura. Siempre lo amé, y él decía que también me amaba, como un pacto de amistad. Con la bendición de la inolvidable Théa, su gran compañera de vida.

Era un ciudadano ejemplar. Rubem tenía un elevado sentido del civismo. La injusticia que percibía en la sociedad brasileña despertaba su ira, que encauzaba en su obra. Que también explicaba quién era. Así, en la intimidad que compartíamos, se quejaba o, más bien, bramaba con apasionado ímpetu. Pasión que me llevó a preguntarle, alentada por la revista *Playboy*, cómo conciliaba el arrebato privado que concierne a la vida personal con el sentimiento público que acaba aflorando en una obra de arte como la suya. Y, por consiguiente, de qué modo el hombre y el artista profundamente comprometido con la realidad fundían ambas categorías de sentimiento para dotar al texto de una mayor densidad. La respuesta, extensa y aclaratoria, se encuentra en el interior de la revista. Expresa una visión lúcida de los subterfugios del arte, que revela lo esencial, pero poco tiene que ver con lo cotidiano de la vida doméstica del artista. Pero me guardaré de decir cuanto sé acerca de cómo compartía su cariño en el trato social. Sobre cómo amaba a su familia, a sus amigos, pues era capaz de expresar, en aras de la emoción, sentimientos que incentivaban su creación literaria, a la que nunca renunció. Pues sabía de antemano dominar la exégesis del texto, adentrarse en su esencia, que extraía de la cruda experiencia humana. Y aún más de su fecunda cultura literaria.

Fuimos compañeros de diversas aventuras cívicas y literarias. Nuestra amistad, que nació en 1962, jamás se enfrió. Tomábamos conciencia de su valor al recordar las mismas historias que nos unían, episodios idénticos instalados en nuestras memorias. Esa sustancia compartida reforzaba el cariño y la confianza que nos teníamos. De este modo nos sincerábamos y afrontábamos juntos los desafíos que el país planteaba a los escritores.

En plena dictadura militar, que censuró su libro y los de otros autores, cuando todavía nos oponíamos a la violencia y los excesos cometidos por el régimen, emprendimos la redacción del Manifiesto de los Mil, concebido inicialmente en Porto Alegre y que vendría a ser el primer documento de la sociedad civil contra la censura. Un escrito que se enviaría a Brasilia, al implacable ministro de Justicia, Armando Falcão. La petición se redactó a varias manos, y la tramitación final se concentró en Río de Janeiro, en las casas de los escritores Cícero Sandroni y José Louzeiro, bajo la rigurosa revisión de Ednalva Tavares, los nombres más destacables que forman parte de la historia oficial. Rubem Fonseca y demás integrantes del grupo nos reuníamos en casa de Louzeiro para tomar las decisiones finales. El día antes de partir a Brasilia, siendo Lygia Fagundes Telles, Hélio Silva y Jefferson de Andrade los nombres designados para viajar a la capital, la voz de Rubem, en nombre de los demás, se hizo escuchar para ordenarme que me incorporara al trío, lo cual revocaría la decisión previa de prescindir del núcleo conspirador, como era mi caso. Yo le expresé mi extrañeza, pero Rubem, Zé Louzeiro, Novaes y demás presentes alegaron que era indispensable que yo acudiera para poder conciliar valentía y diplomacia. Dicho esto, Rubem me entregó el billete de avión con su seductora sonrisa, y allá fui.

Debemos a muchos esta odisea civil, pero a Rubem Fonseca más que a nadie. Así como otras peregrinaciones que emprendimos en favor de causas democráticas. Y como la visita al apartamento del entonces candidato a la presidencia, Tancredo Neves, ante el cual presentamos contundentes reivindicaciones a favor de la cultura.

Quiero subrayar la ayuda esencial del amigo Rubem cuando me hallé en la circunstancia que exigía asumir los cuidados de Clarice Lispector, que entonces estaba ingresada en el hospital de Lagoa. En ese momento no me pareció prudente afrontar sola cuestiones financieras, siempre delicadas. Me convenía proteger mi honor. Y en este caso pude contar con la lealtad de Rubem. Aún hoy conservo las pruebas de nuestra acción conjunta en apoyo a nuestra amiga Clarice. Asimismo, años después, cuando evitaba los encuentros sociales, no dejó de asistir al funeral de mi madre, Carmen, por quien sentía un afecto especial. Puesto que no quería ser reconocido, llegó discretamente, con un gorro que casi le tapaba el rostro. Ante la amiga difunta que solía prepararle un «bacalao a la cazadora», me pareció verlo rezar. Y me abrazó con el cariño que yo necesitaba en ese momento.

Dios mío, cuántos instantes consolidaron nuestra alianza. Siempre fui reservada en cuanto a asuntos del hogar y del alma. Discretos como éramos, él conocía mi norma de saber mucho, ya que de la esfera privada no contaba nada.

Guardo en mi corazón tantas experiencias juntos que en ocasiones sonrío al evocarlas. Como cuando, en reuniones sociales, con su humor mordaz y su voz teatral, se hacía oír exponiendo cualquier cosa con golpes críticos, sobrecogedores. Como si su aliento vital fuera a perpetuar la condición humana. En nuestras casas, donde nos reuníamos para cenar, celebrábamos la escritura y el hecho de estar aún entre los vivos.

Me fascinaba la manera en que Rubem Fonseca describía la escena urbana de Río de Janeiro. En concreto, el centro, ese feudo del que afloraban vestigios imperiales como la codicia, la lujuria, la fuerza afligida de los sentidos. Material que no le faltaba y que, por lo tanto, asomaba sin piedad en su ficción.

Con qué orgullo, a semejanza de un galgo de rara destreza, gastaba la suela de sus zapatos pisando los adoquines de las viejas arterias de la ciudad. A veces le pedía que me contara confidencias y los secretos incrustados en aquellas callejuelas, recuerdos del Segundo Reinado.

Era generoso conmigo. Como compañeros que éramos, nos debíamos lealtad, ese aliento que ayuda a crecer al otro. Y cuanto expresábamos acerca de nuestras literaturas respectivas siempre era espontáneo. A menudo me encuentro con palabras suyas que en su momento me emocionaron, y que oso reproducir aquí como muestra de su noble corazón:

> «No consigo comparar a Nélida con nadie», reconoce el autor de Minas Gerais Rubem Fonseca, de cincuenta y un años, amigo de la escritora desde los años sesenta. «Nadie escribe como Nélida. Es ella misma».

El día que concurrí a una vacante en la Academia Brasileña de las Letras, mientras aguardaba el resultado de las votaciones, se presentó en mi casa sin avisar, porque quería comer conmigo. Con su visita, quiso transmitirme que confiaba en mi victoria. Estuvimos juntos hasta que salí en compañía de mi madre hacia el hotel en Copacabana, para asistir a la recepción que suele darse a académicos y allegados aunque pierdan. Me dio un beso y nos despedimos.

Y me entregó una nota para que quedara constancia de aquel abrazo en Barra, que jamás olvidaríamos.

> «27 de julio de 1989
> Dentro de poco, Nélida Piñon será elegida para la Academia Brasileña de las Letras. La elección de Nélida será el inicio de grandes cambios en la ABL. Son las 12.50 horas. Estoy convencido de esta victoria.
> Rubem Fonseca».

Cerraré esta muestra de cariño, pues así es como la amistad se expresa, reproduciendo una nota que me escribió en Porto Alegre, movido por un gesto repentino que despertó en mí una profunda emoción:

> «Para Nélida Piñon:
> Te quiero.
> Firmado,
> Rubem Fonseca
> O también conocido como José Rubem Fonseca.
> Porto Alegre, 29 de octubre de 1976
> Rubem Fonseca
> O
> José Rubem Fonseca
> Escrito y declarado en el diario *Correio do Povo*, declaro y doy fe».

Más de cuarenta años después, durante un almuerzo íntimo y muy típico de Minas Gerais en casa de Bia, la hija de Rubem, y Pedro Corrêa do Lago, allí estaban él y Alberto Venâncio Filho. Aquel día llevé esa misma nota de 1976, y le pregunté: ¿todavía me quieres, como consta en esta nota?

Rubem sonrió, miró el papel ligeramente amarilleado, y cogió otra hoja, sobre la que confirmó su amor repetidas veces.

«Río de Janeiro, 17 de agosto de 2017
Nélida querida
Cada vez te quiero más. Y me gusta todo lo que escribes.

Somos novios desde 1973, pero dicen que desde 1976, pero yo te quiero desde el día que nací. Cada vez más.

Río, 17 de agosto de 2017
Rubem Fonseca
También conocido como
José Rubem Fonseca».

Estábamos indiscutiblemente unidos por la palabra, por el descubrimiento mutuo, y por una amistad que jamás se extinguió. Ni siquiera ahora que se ha marchado para siempre. Y tengo que decirle:

«Te quiero, Rubem. Fue un privilegio conocerte».

83. Vine de lejos

Mi origen gallego define quién soy. Al igual que Brasil, me concedió una imaginación andariega que me ha permitido atravesar civilizaciones y llamar a la puerta de la caverna de Altamira. Bajo los signos de un primitivismo rural del que soy deudora, siempre he desconfiado de los potentados, de los gobernantes y de las cosas vanas. Desconfío igual que un antepasado gallego que, Dios sabe por qué, durante una visita al Hades se bañó en las aguas del Leteo, a riesgo de olvidar las vidas pasadas. Yo, en cambio, tengo una memoria que aún no se ha oxidado, que conserva intactas las aflicciones humanas, los preciosos pedazos que indican mi paso por la tierra y realzan mi esencia brasileña.

He convivido con los gallegos desde la cuna. Son austeros, y tienen una sensibilidad lírica a la par que rústica. He disfrutado de una intimidad que no admitía lamentos, ni exponía esas zonas oscuras que atormentan el alma. Mi propia madre, alentada por el soplo regenerador de una inusual entereza moral, era reservada, pero ensalzaba con ardor el amor por su hija. Ellos, en cambio, conjunta o individualmente, se abstenían de ostentar una falsa idea de sacrificio. He visto en el rostro de mis propios abuelos la sombra de un pesebre, la representación tangible de una patria que hacía trascender sus valores en la mesa.

Ahora bien, Galicia me bendijo espléndidamente con su arquitectura imaginaria, con los nombres mágicos de sus pueblos y ciudades. Lugares que difundieron proverbios y fantasías en vísperas de ser yo escritora. Y que, al fertilizarme, me permitieron transferir al escenario de los misterios brasileños los personajes universales que reverberaban bajo mis órdenes.

A lo largo de los años, me he obsesionado con figuras seculares. Gelmírez, Urraca, Mateos, gallegos a los que relacioné, por medio de mi propia audacia, con los cerdos rubios semejantes a Teseo. Lo mismo sucedió con el Pé da Múa, un monte insignificante que yo creía grande como el Annapurna. Urraca, la reina de alma afligida, como si hubiera sido enterrada en Micenas, junto a Agamenón.

84. Mi abuela amada

Mi abuela era una mujer reservada. Sospecho que hablaba más con Dios que con los hombres. Eso sí, era su interlocutor predilecto. Lo mismo que para Eulália, el personaje de *La república de los sueños*. Su nombre describía el amor que le teníamos. Amada. La abuela Amada.

Escuchaba con atención las historias que circulaban por la casa de la calle Dona Maria. Como si las contrastara con las que se había traído de Galicia tras decidir que seguiría a Daniel en su aventura romántica. Recuerdo haberle oído decir que los seres humanos éramos capaces de conjugar la perfección que se atribuye a Dios con los límites avasalladores de nuestra naturaleza humana. Y es que tenía el convencimiento de que nuestra misión era concebir un esbozo de Dios, un modelo que su bondad nos inspiraba. ¿Era una forma ingenua de entender la vida, si bien moldeada por la dura realidad que vivió durante los primeros años en América? ¿La misma que le había infundido valor para parir hijos y para olvidar el mundo más afable y armonioso que había dejado en Cotobade? ¿Y todo por acatar el débito conyugal?

Tal vez gracias a mi abuela Amada nunca sufrí al pensar en Dios. No me atormentaba la tristeza que debía de sentir por nuestra infamia. Al contrario, compungida por la soledad cósmica de ese Dios, dejé mis pertenencias al abrigo de su sombra, acepté a los vecinos ingratos y aprendí a medir las dimensiones del tiempo y el espacio que nos constreñían. También aprendí a saborear la sal de las lágrimas que merman nuestro destino. Y a tomar un camino que me ayudó a comprender hasta qué punto Dios, al decretar el fracaso de la sintaxis humana, ya no formaba parte de mi discurso confesional.

Guardo a Amada en la memoria. Me ayuda a entender la vida como un regalo valioso. Y, por ende, a afrontar los desafíos de la iconoclastia que a veces se asoma a mi espíritu. Sin ahondar en explicaciones, me enseñó la tragedia del libre albedrío, las ilusiones que sobrepasaban sus límites y que infringían, así, los códigos que dictaba mi naturaleza humana.

85. Mi Río

Desde niña, me he identificado con lo arcaico, con el misterio incrustado en los laberintos de las ruinas de cualquier ciudad, sobre todo de Río de Janeiro. Solía ver las ciudades como un invento caótico de los refugiados y hambrientos que se aglomeraban con el ansia de protegerse. Porque vivían al borde de la muerte, las agresiones y las crueldades sin límites.

Pero Río era mi ciudad, no debía traicionarme. Conocía buena parte de sus accesos y salidas, de sus callejuelas y comercios, sobre todo aquellos restaurantes a los que mis abuelos Daniel y Amada solían llevarme. También frecuentaba Cinelândia, que estaba cerca de la academia de inglés de Mrs. Alice, la profesora.

Paseaba sola muchas veces, de la mano del viento de la libertad, transitando por rutas sin indicaciones claras. Mi madre quería ponerme a prueba, me advertía de peligros de los que ni ella podría salvarme aun dando su vida por mí.

Con todo, pese al sol y las playas, Río no siempre me orienta, ni me indica dónde estoy. Me muevo por sus callejuelas con la euforia del placer del cuerpo, del carnaval, del cancionero popular. También del dulce de coco y el pastel de carne que las antiguas bahianas venden en tenderetes.

Nunca he llegado a dominar el mapa carioca como lo hizo Rubem Fonseca, que se enorgullecía de haber trotado cual galgo por los adoquines de todas las aceras de la ciudad, de haber gastado las suelas recorriendo el centro, donde el pecado acecha a los transeúntes errantes.

El casco urbano de Río de Janeiro no admite exégesis y se ríe con desdén de cualquier teoría. Tanto en el centro como en la calle Ouvidor, en el fascinante barrio residencial de Madureira, como en la favela de Maré, sus atajos facilitan que sus habitantes, que viven aglomerados, levanten un vaso de cerveza a modo de brindis.

El paisaje, sin embargo, deja absorto a todo el mundo. No anima a especialistas pedantes a divulgar sus perniciosas teorías como única versión del territorio de Río de Janeiro. Ni a imponer al pueblo su idea de la realidad. Y es que así han actuado estos próceres, traficantes de tierras, desde que se fundó la mítica polis.

86. Casandra

A menudo la ciudad me plantea interrogantes a pesar de su acelerada modernidad. Me pregunto si en el antiguo centro de Río subsistirá todavía el arte de adivinar, como en el pasado, cuando mis amigos y yo consultábamos a las echadoras de cartas. ¿Recurre la gente al oráculo de Delfos? ¿Es posible que en algún barrio de las afueras doña Nadir, que leía el futuro a Clarice, reciba a aquellos que acuden a consultarla, cual Calcas, Casandra, una Tiresias moderna? ¿Será todavía una réplica de los adivinos que interpretaban para héroes y reyes los signos del porvenir, sin los que no sabían vivir?

En Río de Janeiro, las predicciones se hacen en la playa y los bares. Cada cual, con su particular charlatanería, opina sobre el futuro confiando en que la suerte lo acompañe.

Yo, personalmente, no tengo a quién recurrir. A excepción de la «paloma» del Espíritu Santo que se me apareció y me protege. No la abrumo con excesivos ruegos, ni le pido favores vanos. Esta criatura alada se anticipa, intuye lo que necesito para prolongar mis días. No obstante, confieso que aprecio vivir sin ataduras míticas.

¿Y una verruga en el dedo? ¿Tiene el poder de intuir los avisos que te da la vida? ¿Es posible que en la inminencia de la muerte en Micenas, arrastrada por Menelao, Casandra se sometiera a sus presagios?

87. Antigüedad

Siempre pensé que la abundancia de culturas exigía conocer al menos algunas. Aunque tuvieran su origen en una cabaña de paja en una remota región brasileña. Este conocimiento me permitiría ahondar más, aunque fuera subrepticiamente, en mi propio ser impregnado de misterios.

Asimismo era necesario reconocer que las lenguas que hablaban otros pueblos también me concernían. Aunque no las entendiera. Daba igual hablar un idioma extranjero siempre y cuando sus sonidos, como la música, me emocionaran, afirmaran que cada fonema había sido inventado por la urgencia humana de sobrevivir, de designar los sentimientos o los objetos necesarios. Amor y cacerolas vienen a ser la misma cosa.

La cultura de cada individuo es asombrosa. Una empleada que tuve una vez en Barra me dejó perpleja. No tenía precisamente un dominio canónico de la lengua, su forma de hablar era de una región ignota, acaso de las cavernas. Observé que esa joven del Nordeste tenía una capacidad fascinante para inventarse todo aquello que desconocía. Seguramente sabía más que yo, que pretendía saber tanto. Yo la animaba a hablar, pues quería que me contara su visión del mundo. Quería entender cómo lo envolvía de una riqueza que los escritores cultos no tenían. Lamenté que tuviera que marcharse, huyendo de un novio que le pegaba y pretendía matarla. Dios mío, de qué modo su tierna ignorancia me hizo comprender que la incultura es tan culta como la erudición.

No admito la supremacía de los sabios que envanecen la cultura con una alambrada de espino. No, no la acepto.

Sin embargo, también sé que existe un compendio atávico y acumulativo al servicio del bien, de las conquistas humanas. De aquellos que avivaban las llamas del fuego con sus relatos. El caldo de cultivo de todas las ruinas. No somos dueños de lo que sabemos. Es necesario franquear los siglos para comprender nuestra historia. Suelo decir que para ser moderno hay que ser arcaico. ¿Cómo saber quién soy sin llamar a la puerta de Homero?

Al declararme hoy firmemente arcaica y contemporánea, solamente insinúo mi carácter transitorio y precario en cuanto individuo y escritora. Recupero con humildad gestos que se descartaron hace milenios, restauro sus tejidos, reconstruyo y articulo las palabras contenidas en el léxico de la lengua desde hace siglos, y con ellas libro la batalla a la que nos incita la propia agilidad de la sintaxis.

El caos nos ayuda a pensar.

88. La primacía del arte

La primacía del arte reside en la interpretación radical del mundo. El arte transita libremente por los recodos de los enigmas aun cuando su guía es la ceguera. Por eso sabe esquivar trampas y obstáculos.

Es un estatuto cuyos pilares de carne y hueso identifican la existencia bajo las órdenes del caos que, en sí mismo, en su magnífica maraña, nada excluye de las regiones oscuras, donde la luz aún no ha llegado.

Cuando brego con el arte, admito mi desorden interior. Un universo por el que transito con gusto y no naufrago. Donde se asientan los fundamentos de los que emanan la palabra y mi desesperado oficio. Un lugar que permite que florezca la intrépida materia de mi ficción, sin duda una sustancia mortífera que envuelve la vida ajena. Cuando a veces podría tocarme sentenciar a muerte como si fuera la única salvación. O quizá podría dedicarme a la extraña construcción literaria que exige el pleno ejercicio de la libertad.

Como los demás, en mi afán de cumplir con las obligaciones que requiere el oficio, acumulo una casa abarrotada, una cabaña rebosante de miseria, un pesebre sin un Niño Jesús. Un arsenal de caos y desesperación que se rinde a mi implacable ansia. La pasión acecha por todas partes y, aunque me envenene, dicta el texto que ha de nacer, las palabras que se me escapan. Tal vez se deba a un instinto narrativo salvaje que se niega a absolver mis pecados como artista.

Ahora bien, el arte impregna la realidad *per se*. Contiene en sí mismo los restos, los sublimes vestigios que perturbaron el oído de Beethoven, el sordo que escuchaba las órdenes de Dios.

Siempre ha sido así. Al arte le es dado cuanto necesita. Por los esclavos, por los miserables, por los caminantes sin techo y sin rumbo. Por los poetas goliardos. Por los inmigrantes como yo. Este mismo arte, acostumbrado a ser objeto de saqueos en nombre de otros, protege manuscritos e impide la quema de libros. También la de los que aún no han sido escritos.

¿Y dónde se refugia la creación? ¿La considerada espuria antes de ser erigida en las catedrales góticas? Pues solo así se obtiene la sustancia humana, el firmamento de los creadores malditos. Los que resistieron a la purga de los señores de la tierra que derribaron edificios, movidos por la ambición de ser eternos. Como si fuera posible expulsar la esencia dramática de la humanidad. Como si olvidaran que el caos refuerza los cimientos del arte.

89. La intuición

La intuición es un faro. Ilumina los escollos del camino, es la punta de lanza del conocimiento. El conocimiento siempre está desfasado, pues cualquier saber es *per se* algo obsoleto, y exige ser actualizado, renovado. Mientras que la intuición, que surge de forma inesperada, como de la nada, expresa el saber acumulado de quien ni se da cuenta. Al parecer, una cultura anticanónica, no institucionalizada que, sin embargo, acumula el polvo del tiempo. Algo que está en nuestro interior y que brota sin más, sin advertir que por medio de este acto quizá revelemos lo más bello de la conciencia o la inconsciencia.

En este sigiloso proceso reverbera una sustancia que permite exponer cuanto existe en nuestro interior, y hacerlo aflorar a la vista de todos.

Transmitir los fundamentos de aquello que nace de la intuición exige prudencia. Cómo filtrar el concepto, aun sabiendo que prevalece el misterio del arte, que en ningún caso puede ser excluido del texto; al contrario, más bien debe ser incorporado a este. Porque las frases tienen rostro. Y hay que desvelarlo teniendo en cuenta las necesidades estéticas de cada oración, y jamás la falsificación de sus facciones.

Me atrevo a confesar que guardo en mi corazón una frase del capítulo 31 de *Voces del desierto*, que no necesita reformularse, porque en sí ya me define:

> «Scherezade se sabe instrumento de su raza. Dios le ha concedido la cosecha de las palabras, que son su trigo».*

---

* Traducción de Mario Merlino, Alfaguara, 2005. *(N. de la t.).*

90. La aldea de mi padre

Iba tropezando con las piedras de Borela, de São Lourenço, paisajes afectivos que me ayudaron a crecer, mientras llenaba las hojas con lo que me hacían sentir e inventariaba cuanto me rodeaba. Allí la simplicidad de lo cotidiano era mi materia prima. Apuntalada por la imaginación, cuyo aullido jamás aplacó mi corazón de niña. Así iba forjando mi convivencia con las palabras, con las benditas y las malditas. Que provenían de un terreno aurífero que ocultaba pepitas de oro.

Sin embargo, nada era inoportuno en el acto de crear, ni había lógica en las divagaciones de mi esencia poética. Combatía deliberadamente con aquello que parecía perfecto para mi edad. Quería desafiar a la palabra para que, una vez transcrita, me dejara en paz. Al fin y al cabo, ¿no es nuestro deseo que el arte nos dé sosiego y nos haga olvidarnos de aquello que estamos creando?

En ese momento yo no sabía qué elementos hacían de mí una escritora. Como aún no entendía la reacción del cuerpo al exponerse al deseo. Todavía debía aprender, bajo la mirada de una realidad siempre inhóspita, las leyes que rigen la narrativa y una anatomía que se incendiaba. Extraña relación, la del arte y la carne, que invalidaba los mandamientos que me castigaban, con la intención de dar un nuevo sentido a mi medida humana.

Sin embargo, con cada página nueva que producía, luchaba por creer en las pulsaciones que me coartaban, y que surgían de lugares ignotos. Quizá de los amores que venían y velozmente se desvanecían. Así como yo era frágil, también lo eran los demás. El mundo se quebraba ante mí para poder comprender la tempestad histórica que se remontaba a tiempos arcaicos. Aun así, no renunciaba a la furia de la escritura y del paroxismo de la pasión, gobernados ambos por mi voluntad. Pues creaba y destruía cuanto creaba. Qué infernal emoción. Y sentía que era un libro vivo que transcribía una historia incompatible con mi ser real. Éramos dos seres atentos al aprendizaje humano. Empeñados en recoger de entre los escombros la sustancia sujeta a un siempre renovado rito de iniciación.

Observaba el horizonte de la ficción, que inicialmente se me antojaba espurio, y que solo el armazón del arte podía filtrar por medio de acuerdos pactados con una realidad, sin que yo siquiera la obligara.

Y aquí estoy, explorando el proceso creativo de un escritor, que tal vez sea el mío. Un fenómeno creativo que está supeditado al misterio, como el amor, y que muchas veces existe al margen de los conocimientos que la obra de arte exige.

91. Las historias

La fuente de las historias reside en la vida, en el conocimiento, en la curiosidad profunda, en el interés sobre lo humano y en el trabajo que nuestra extensa y dramática civilización ha producido.

Por principio, todos somos hijos de la fabulación. Sin el arte de inventar, no fabricamos recuerdos, emociones ni tartas de chocolate. Dondequiera que esté el hombre, asoma su brújula, que le permite crear mundos y poblarlos con personajes. Por lo tanto, el acto de imaginar está en sintonía con quienes somos, con la versión que conservamos del drama, de la comedia, de la tragedia.

El destino de esa invención es dirigirse hacia la revolución del texto. Y ponerse al servicio de un autor capaz de comprender de qué material dispone para fertilizar el bosque, anegarlo de miasmas, pantanos, arbustos, animales recién salidos del paraíso.

El diccionario del portugués *Aurélio*, que contiene un abundante registro de acepciones, contempla la palabra «ilusión» como sueño, ensoñación, falsa apariencia. El engaño de los sentidos o la mente, que nos hace percibir una cosa como otra, interpretarla erróneamente. También farsa, burla, engaño. Cosa efímera. Menciona ilusionismo, o ilusorio. Una secuencia, en fin, de ilusiones que coordinan las quimeras humanas.

El arte literario, a su vez, en consonancia con estas acepciones, no escapa a estos postulados ilusorios. En todas sus instancias convive fundamentalmente con la esperanza de la ilusión. Esto es, con la capacidad de la narrativa para asimilar y aceptar las ilusiones derivadas del mundo y los sentimientos, como fundamento básico para la existencia de la obra de arte en sí misma.

Por consiguiente, lo ilusorio es un pilar de la vida novelesca. En su desarrollo aplica diversos recursos estéticos propios del arte de fingir, de inventar un mundo distinto del propio.

Pero ¿para qué sirven entonces las historias? ¿Aparte de hablarnos de amor y de intrigarnos unos a otros? ¿Y proponer duelos de muerte que dan vida a la vida?

92. La creación

Crear es inquietante. Es levantar los pies del suelo y pensar que una tiene alas. Cual Pegaso pretencioso condenado al fracaso. Sea de la naturaleza que sea. Como parir a un ser mortal o engendrar la dimensión del arte. Un dolor en el corazón, en el bazo, en el vientre, en esos órganos que diseminan vida, que yo apenas si sabría situar en el cuerpo.

El ser humano, cercado por la realidad, es propenso a crear. En mi caso, a decir y repetir mil veces palabras que instilan veneno e ilusión al arte. Sembrar su dudosa e inestable cosecha por la geografía de la tierra y de los mares, por un futuro que quizá nunca llegue a existir. Comoquiera que sea, persigo con temible fervor el arte de narrar, cuyas competencias son ilimitadas. Esa aventura a la que me lanzo con un toque de fe que arrebata mi propio talento, que no siempre es confiable. Ahora bien, con los instrumentos de los que dispongo, confío en el sentimiento del lenguaje inherente a los dominios de mi ser. Comparable al grado de calor que se desprende de la temperatura del lenguaje que usamos para expresarnos.

No sé exactamente en qué momento me alcanzó el ávido corazón del arte. Es decir, cuándo sufrí por primera vez un malestar que se traducía en palabras y verbos. Sospecho que, en mi afán por comenzar a crear, llamé a todas las puertas, visité corazones ajenos, mi entorno más cercano. Tal vez movida por el espanto, o por la emoción, o por el deseo de descubrir qué había dentro del caracol. A lo largo de tantos años salpicados de ilusiones, he sido una memoria proteica que se multiplicaba hasta que ya no podía gobernar sus excesos. Sé tanto que, a veces, doy la vuelta al mundo como los grandes navegantes del pasado. Y, luego, es recuerdo o invención en estado desalmado. Pero queriendo ser a la vez mujer, hombre, animal, mineral, vegetal, en el empeño de arrancar los velos a una Salomé que ansiaba matarme, cuando yo quería despojarla del secreto con el que seducía a los incautos.

93. *Una furtiva lágrima*

Una furtiva lágrima recoge un repertorio que refleja fragmentos y vestigios de mi vida. Me alío a los demás en su configuración narrativa. Evalúo la fiebre de los sentimientos frente a nuestro corazón harapiento. Esa astuta región que conforma la psique humana, mientras el eco de la palabra advierte que nos hallamos ante un malévolo plan.

Me reconozco en sus páginas. La serenidad y los sollozos que afloran, propios y de mis contemporáneos, me invitan a hablar de los demás. Porque nada sé sin el prójimo. Consciente de que esa primera persona, llamada Nélida, aunque fastuosa, sabe muy bien que el predominio del «yo» puede ser disperso, fugaz. Ostenta sin más un falso y costoso protagonismo, propenso a asumir una trama que desgarre su propia carne. Sin embargo, esta forma de escribir, en el caso del libro, era inevitable, y acabó siendo la única manera de narrar. De averiguar quién soy y quién no soy.

Unas veces cedía a simplificaciones psíquicas que la creación me imponía, otras me explayaba con el propósito de acceder a lugares íntimos del arte que exigían la presencia, aunque fuera invisible, de una legión de intérpretes dispuestos a participar de la vida a través de mí. Al fin y al cabo me precedieron a lo largo de los siglos, ellos inventaron el logos. Con su existencia, griegos, etruscos y hebreos dejaron en mi conciencia brasileña el legado de sus cuerpos ambulantes, de sus algarabías verbales. También me brindaron herrumbrosos artefactos con los que dilaceraban en sus tiendas las vísceras de animales abatidos.

La sentencia de muerte que se me comunicó en diciembre de 2015 afinó mi instinto narrativo ante la inminente despedida. Me permitió ahondar en los recuerdos, en las reminiscencias que mostraban sin piedad aquello en que había ocupado el tiempo, y que me habían concedido el Dios monoteísta y esos dioses que surgen del terror que la idea del ocaso despierta en los seres humanos.

En ese libro vertí el palimpsesto del alma convertida en narración, alentada ante la idea de estar sometida al dominio de un oficio que contemplaba con fe el transcurso de la vida. Yo estaba dispuesta a morir por él si, a cambio, me salvaba.

94. La presidencia de la ABL

A lo largo de casi un siglo, la Academia Brasileña de las Letras se encargó de velar por las virtudes masculinas y de preservarlas. Concentraba un amplio repertorio, blindado contra la presencia de las mujeres, que daba repetidas demostraciones públicas de que la narrativa femenina no era lo bastante apta para ocupar un lugar en sus gloriosos estantes. Aunque sus libros se hubieran publicado, no merecían el respaldo constitucional. Por consiguiente, la Academia Brasileña de las Letras se negó a permitir que una sola intelectual ocupara una silla. Asimismo vetó a cuantas aspiraron a unirse a sus filas. En tiempos más modernos, recurrían al pretexto de que el estatuto únicamente permitía la entrada a la Casa a los brasileños. Y dicha condición solo incluía a los hombres. De modo que las mujeres, privadas en esa época de personalidad cívica y otros derechos, como el de votar, que se instauró en 1932 gracias a Getúlio Vargas, no formaban parte del colectivo brasileño.

La entrada de Rachel de Queiroz en la ABL en 1977 permitió acceder a la institución a otras mujeres, entre las que me incluyo, en 1989, bien que en un porcentaje moderado. Hasta que en 1996 fui elegida para presidir la Academia, coincidiendo con la conmemoración del I Centenario de su fundación, un momento dorado para la institución.

Se me encargó un doble ejercicio. La presidencia ordinaria y la del Centenario, que requirió abundantes celebraciones, discursos, actos públicos, inauguraciones y la renovación del espíritu de la Academia.

Había que conciliar ambas funciones. Conseguir que Brasil comprendiera el significado simbólico de esta institución en el imaginario del pueblo. Siempre he pensado que este país, movido por su afán civilizador, logró un progreso cultural significativo con la fundación de la Academia Brasileña de las Letras el 20 de julio de 1897, con el respaldo de Machado de Assis y de Joaquim Nabuco que, junto con otros, promovieron sus pilares iniciales tomando como modelo la Academia Francesa. Este logro permitió al país salvar, si bien parcialmente, su aislamiento cultural, su posición periférica, y adquirir prestigio a escala universal.

Durante mi presidencia, abrimos al público la Casa con numerosas iniciativas culturales, tales como la creación del Centro de Memoria, los ciclos de conferencias nacionales e internacionales, recitales de música popular y erudita, y publicaciones. Entre estas cabe destacar el programa de Visita Guiada, que sigue siendo un éxito en 2022, veintiséis años después, pues permite a estudiantes y al público general visitar las dependencias de la Academia junto con autores, cantantes y especialistas, que hacen de guías y describen la trayectoria histórica de la institución.

En esa época, mi objetivo fue que el Centenario girara en torno a la lengua portuguesa, nuestro principal atributo junto con la literatura nacional. La idea consistía en rastrear el idioma con la participación de intelectuales y dirigentes de países de habla portuguesa, a lo largo de su genealogía, como el gallego. La celebración culminó el 20 de julio de 1997, con una ceremonia solemne que contó con la presencia del presidente Fernando Henrique Cardoso, de los presidentes de la Cámara y el Senado, y demás autoridades brasileñas y extranjeras, como el presidente de la Xunta, Manuel Fraga; el primer ministro de Portugal, António Guterres; el expresidente portugués Mário Soares, y ministros de Exteriores de otros países lusohablantes. Además de los presidentes de academias europeas y latinoamericanas.

Pese a que mi mandato fue breve y no quise renovarlo, demostró que una mujer es capaz de asumir responsabilidades diversas y difíciles. Que es capaz de representar a la institución en cualquier plano o circunstancia, ya sea dando un discurso en el Senado, en la Cámara, en cualquier púlpito del país y, a la vez, desempeñar las obligaciones propias del cargo.

Este ejercicio presidencial me hizo crecer como persona. Entendí mejor a mi país desde sus complejas raíces. Sus intersticios recónditos, sus complejidades étnicas y lingüísticas, la evolución mestiza de su psique, sus sensibilidades sociales. Fue como si hubiera borrado de mi memoria afectiva la frase «soy una brasileña reciente», que pronuncié en mi discurso de posesión de la silla 30 de la ABL el 3 de mayo de 1990. Dejé atrás tal convicción para asumir otra en su lugar: soy una brasileña de todos los siglos.

95. La imaginación

Mi imaginación es abrupta, sufre de un ardor que se aviva cuando se pone a mi servicio. Me crea un estado febril, con ansias de salir de casa, de arrojarme al abismo. Y no sé por qué, pues ¿qué iba a hallar en sus profundidades?

Gracias a lo que invento, viajo, monto en el caballo del rey, me convierto en Pegaso. Me vuelvo materia sólida y líquida para adaptarme a un jarrón de flores. Exhorto al mundo a relegar a un segundo plano su somnolencia, a renunciar a la violencia. A no someter más el cuerpo ajeno. Sigo buscando un estatuto que mejore la estructura de mi alma y la del prójimo. Me he quejado muchas veces de la injerencia de la imaginación en mi vida. Esa intrusa que me incomoda y que a la vez me exalta. Que, cuando me falla, me desespera, pues ¿cómo vivir sin ella? Entonces imploro su presencia, le suplico que escuche mis súplicas. Si es necesario, la sobornaré con privilegios, con obsequios. Estoy dispuesta a pagar lo que sea por su atención, por sus delirios.

Lo cierto es que la imaginación, o comoquiera que la llamemos, me eterniza. Con este reloj de arena, me sumerjo en las aguas del recuerdo, persigo los indicios de mi origen. Pongo a prueba mis sentimientos y el ardor de la pasión, esos rasgos que me caracterizan, registrados en el pergamino familiar. Mis sigilosos latidos, mis tormentos.

96. Las ataduras

Sueño con liberarme de las ataduras. Invento y engendro nuevas realidades. De repente me pregunto qué llevó a mis abuelos y a mi padre a rendirse a América. Qué grado de inventiva altisonante movía a mi gente. Puesto que sin estos desvaríos no existe la osadía que se contrapone al realismo que encadena nuestras vidas.

Nunca les pregunté por qué abandonaron sus aldeas, sus posesiones. Las vacas, los cerdos, el maíz. Sin embargo, cualquier explicación que pudieran haberme dado habría quitado importancia a una respuesta inexistente. Las fantasías se desmoronan cuando la racionalidad se impone.

Esa gente de la que desciendo sembró, a través de sus hijos, toda la imaginación posible. Es decir, el espíritu de aventura que tenían a su alcance, y que renovaron a su desembarco en la plaza Mauá, cuando empezaron a reunir monedas para asegurarse el pan.

Heme aquí, mezclando asuntos bajo el efecto poético que mis orígenes me inspiran. ¿Hasta dónde seré capaz de inventar para hacer frente a mis antepasados? Para simular que yo soy ellos, les doy continuidad. Me convenzo de que soy inmigrante y, como ellos, una exiliada en la calle en la que vivo, en la ciudad que me acoge y en los sueños que tengo la osadía de soñar.

97. El jubileo

Vivo en Río de Janeiro y tengo el Atlántico al alcance de la mano. Con el océano a un tiro de piedra, a veces fantaseo que vivo a un paso de todas las civilizaciones que superaron las corrientes alisias y lograron arribar a Brasil.

De pequeña, por lo que me contaba mi madre, Carmen, creía que sería fácil llegar a España, la tierra de mis antepasados, mientras supiera nadar, y que podría desembarcar en Vigo o en el río Guadalquivir, donde los imponentes caballos de crines hirsutas, montados por pretenciosos caballeros con escuderos, aguardaban a que Hernán Cortés comunicara que la recién descubierta América ya les pertenecía. Hecho que, sin embargo, los vientos y las corrientes marítimas contrariaron, al impulsar las embarcaciones hasta Baiona (Galicia).

Desde mi ciudad brasileña me empeño en ser provinciana y cosmopolita, la conjunción ideal para estar en el mundo, para acompañar las andanzas colectivas, para decidir qué hazañas conmemoraremos para resucitar a nuestros muertos. O para destronar a un rey. O para el jubileo de un santo.

Todo cuanto es de gran utilidad y se aloja en la esfera de la vida merece encomios, merece que descifremos su misterio aunque consumamos el tiempo. Pero todos los días observo consecuencias de nuestras contradicciones. Nuestro empeño en fundir lo estético con lo puramente pasional, como si el arte pudiera asimilar lo que somos, nuestra integridad.

Por algún motivo, me siento tentada de proclamar que tengo fe en ciertos mandamientos culturales. Confieso que el arte nunca peca. Desde tiempos inmemoriales, su moral se ha asomado al abismo bajo la vorágine del lenguaje, y ha salido ilesa. Destinada a transgredir los preceptos sociales, a rebelarse contra los estatutos autoritarios y restrictivos que la persiguen. Pues no acepta que nada ni nadie reprima las pasiones inherentes a su esencia, ni le impida navegar por los indómitos mares de la imaginación.

Sin embargo, mi posición se limita a la escritura. La considero mi patria. Siempre ha formado parte de mí. Como una deconstrucción mental al servicio del entendimiento humano, la narración me indica los momentos que han configurado la trayectoria de una civilización que bien podría contenerse, y traducirse, en un simple papiro inmerso en las profundidades de los milenios.

98. Mi impericia

Asumo la responsabilidad de mi propia imprudencia. Pero también me pesa. Aun así, comprendo que exige valor rectificar lo escrito, esté en el estadio que esté, desbaratar la palabra.

Es indisociable de mi naturaleza moral valorar el arte, que aporta al mural narrativo elementos que antes no existían. Y que persiste hasta el epílogo que determina la versión definitiva.

Siempre ha sido así. Siempre he sabido que el impulso creativo ni me educa ni me controla. Al contrario, me brinda inesperadamente una estética cuyas piadosas enmiendas acepto en aras de la epifanía de mi texto.

99. El don de la astucia

Suelo decir que la imaginación es astuta como Ulises. Está ligada a lo enigmático y se manifiesta como un sortilegio. Una versión insaciable de la vida. Nadie podría corregir su rumbo. Ni apaciguarla, ni impedirle concebir el mundo, o simular situaciones inusitadas, o invadir el pasado como si fuera el presente.

Atribuyo semejante ardid a una voracidad sin fin. No es posible saciarla. Exige devoción, que acudamos a ella en cuanto despertemos. Y no se equivoca. Yo misma no sé vivir sin ese tesoro, invoco sus recursos con el menor pretexto. Y me recompensa con abundancia, pues la imaginación ha sido para mí el mejor fruto de la tierra, me proporciona la sal de la emoción, el gozo del cuerpo cercano aun cuando no está en mi lecho. A su costa hago declaraciones de amor, envío flores, ahuyento al enemigo, saboreo manjares, viajo por el desierto de Gobi, me imagino a un Matusalén que acompañará las vicisitudes de la humanidad como si fuera eterna. Y muchas cosas más que invento en su nombre, únicamente por pedir que me conceda la capacidad de inventar. Don que retengo todavía gracias a las ventajas que me ha brindado. Y, así, sigo susurrando, blasfemando, disertando, practicando cualquier cosa, para que me eleve a la cima del monte Sinaí y poder conversar de nuevo con Dios, aun a riesgo de que vuelva a imponerme las Tablas Sagradas. La imaginación me sigue alentando con su fortuna, el premio que sella mi destino. Esa fabulación suya que no solo no me devora, sino que me acoge.

100. Soy novelista

Soy novelista. Me enfrento, indomable, a los fascinantes sinsabores de mi oficio. Me someto a la masa verbal que entraña la confección de una novela sobrecargada de conflictos insondables.

En consecuencia, padezco las turbulencias del lenguaje y de las emociones que afloran a medida que me adentro en las contradicciones del texto. De modo que soporto presiones temporales y espaciales, el peso de las identidades contenidas en la psique ancestral, perpetuamente activa, así como de las realidades superpuestas.

Como simple creadora de una obra que solo aspira a rozar la plenitud, me predispongo a desencadenar la trama y el caos narrativo, que es el destino del arte.

Como autora de *La república de los sueños*, he impulsado las peripecias humanas concentradas en el desenlace de una historia que exigía ser contada. A sabiendas de que, si renunciaba a la experiencia personal, empobrecería el efecto del relato.

Cada vez que me enfrentaba a la esencia insidiosa de la novela, me acometía el vértigo que acompaña el desarrollo de la creación, y a la vez potenciaba los recursos inherentes al lenguaje.

Sin embargo, debía ceñirme a los límites de la trama para poder desarrollar personajes y escenas que se movían en torno a un universo dramático, desobedeciendo la idea primaria de la lógica que se opone a la estética.

Ahora bien, Madruga, el personaje principal, y sus demás compañeros, previamente condenados por el efecto abolicionista de la creación literaria, me cedían sus cuerpos para hacer de ellos arquetipos, réplicas del contingente humano. Sabiendo de antemano que *La república de los sueños*, entidad literaria largamente buscada, me devoró antes incluso de concebirse. Y sabiendo que, al darle inicio, me obligaría a vivir bajo su guarda, compensándome con las inevitables ventajas de su arquitectura asimétrica y cautivadora.

Por otra parte, es justo lo que yo quería. Una novela que se ciñera estrictamente a los errores humanos, que se resistiera a hacer concesiones que pudieran afectar a su estructura moral y estética. De ahí que el libro adquiriera cada vez más fuerza, que exigiera una estrategia basada intrínsecamente en la esencia turbulenta propia de la obra de arte que rechaza la coherencia complaciente.

Si algo sé ahora es que me empeñé en descifrar el arte de la novela. Libré esa batalla e ignoro si perdí o gané.

101. Anchieta, el señor de la lengua general

Anchieta vive en mí. Fue el primero en dar aliento a la poesía de nuestra selva. Desembarcó siendo un hombre enclenque, pero resistió las inclemencias de la nueva tierra. Envidio el Brasil que conoció antes que yo. Sus ojos canarios, de hombre insular, fundaron mi patria. Un Brasil que hoy no tengo presente. Un legado que no conocí. La ciencia no puede enseñarme quiénes fuimos en el pasado, ni quiénes dejamos de ser.

Pienso en él de joven, movido por la voluntad de observar con rigor las normas definidas por la orden jesuita después del Concilio de Trento. Lo imagino recorriendo la selva, sirviendo a la colonia con el fulgor de un intelectual que dominaba el tupí-guaraní hasta el punto de casi haber escrito la primera gramática de esta lengua.

Como poeta de fina voluta verbal, aportó un sabor renacentista a su cultura. Recién llegado al nuevo territorio, Anchieta introdujo en el imaginario de Brasil un concepto estético original.

Este español, considerado como el primer escritor brasileño, inculcó la poética del simulacro a los indios que tenía a su cargo. Con el pretexto del cristianismo, promovió entre ellos espectáculos teatrales rudimentarios, imitaciones precarias. Sirviéndose de ingenios sencillos, se esforzó por crear un mundo que su Dios aprobara, para lo cual recurrió a la ilusión como tema. Y así como en sus autos introducía historias bíblicas y romanas, también procuraba familiarizar a la audiencia con fragmentos de la historia universal. Implantó en el sustrato de los primeros brasileños la estética de la necesidad y la magia, una vocación antirrealista concebida para revalorizar la vida cotidiana, tan devaluada en sí misma. A partir de esta combinación, y a través de este juego de representaciones, fue fraguando un imaginario que, alimentado por la fabulación, permitió a la larga un sistema social menos rígido, menos jerarquizado.

Quizá así convenció a unos indígenas que, hasta no hacía mucho, tenían restos de carne humana en sus cavidades dentales de que su catequesis teatral no había surgido de sus propias creencias, sino de la imaginación autóctona.

Mediante un sutil equilibrio entre fábula y realidad, Anchieta transmitía sus estatutos morales y literarios. Bajo el signo de estos paradigmas que florecían en el continente americano, el eminente jesuita interpretó la importancia y la fascinación de una genealogía que inevitablemente nos trasladaba al universo helénico y latino, al vasto océano humano. Al camino de la misteriosa modernidad en la que se asientan nuestras señas identitarias.

Pese a su carácter medieval, José de Anchieta vivió una rara fusión histórica: enlazando las tres lenguas (tupí-guaraní, español y portugués), sentó las bases de un ecumenismo a punto de anunciar la futura inclinación sincrética del pueblo brasileño.

Ahora bien, gracias a este juego verbal tan persuasivo, logró alimentar sus creencias religiosas, integrarse definitivamente en los momentos que forjaron la sensibilidad brasileña. Agotó, por lo tanto, la exégesis de la patria.

¿Cómo olvidarlo?

102. Pedro II, el monarca ilustrado

El pasado brasileño registra la presencia de viajeros europeos que, atraídos por la extraña utopía instalada en los trópicos, desembarcaron en este país, un imperio gobernado por Pedro II, un Habsburgo de mandíbula ligeramente prognata y posturas relativamente visionarias.

Un emperador que, durante su reinado, luchó por introducir atributos civilizadores en aquellas tierras. Y, como muestra de su inclinación, durante una estancia en París acudió a visitar al célebre Victor Hugo sin previo aviso. Sin ningún tipo de pudor, anunció al perplejo mayordomo del poeta que lo visitaba el emperador de Brasil. Como también era aficionado a la música clásica, un día se presentó en Bayreuth, que entonces era un pequeño burgo alemán, cuando se inauguró el teatro que Richard Wagner había construido con el propósito de proporcionar un espacio escénico a sus grandes óperas. Como asidua de este templo, me emocionó ver su nombre destacado en la placa de la entrada, entre los allegados que más apreciaron al compositor desde muy pronto, como Luis II de Baviera.

Al servicio de su imperio, Pedro II vivía en el Palacio Imperial, a un paso del mar, rodeado de la corte. Fue una época singular, en la que Río de Janeiro, como capital, empezó a adquirir una dimensión literaria gracias a los autores que la eligieron como epicentro de sus universos de ficción.

Machado de Assis, cuya obra disecciona el Río del siglo XIX, encarna esta justa tendencia, en un texto en el que presentaba una urbe intacta y a la vez fomentaba el ingenio colectivo. En sus magníficas novelas, la escenificación urbana rastrea la genealogía de su trazado sin perjuicio de la historia que impregna cada esquina, y aporta a la narración detalles y minucias que brotan de la vida cotidiana del Segundo Reinado. Cual Ariadna, Machado de Assis nos ofrece el hilo con el que salvar el laberinto de casas señoriales y callejuelas.

Su urdimbre novelesca, bajo la magia de la intriga urbana, explora los entresijos de personas reales y ficticias de la escena brasileña desde el ascenso de Pedro II al trono en 1840 hasta la República. Un largo periodo que enriqueció los anales de la caótica urbe, que no tardaría en asimilar ideas, prácticas y estéticas importadas de Europa.

Intérprete de la turbulencia social, Machado de Assis, que nació en el Morro do Livramento, un barrio pobre de la ciudad, añadió a la realidad concreta su profunda falta de fe en el ser humano. Sarcástico como era, sus descripciones esbozan la cartografía imaginaria de aquel paisaje.

Sin embargo, esa densa carnalidad urbana contenida en la obra de Machado de Assis y demás cronistas exacerba las historias vividas en torno al palacio, con el emperador como actor principal, cuya iconografía, representada por su larga barba blanca, se extiende por los espacios por los que transitan los figurantes del imperio. Aristócratas, políticos, artistas, escritores, artesanos, cortesanas, personas rendidas a la ambición y la pasión que igualan los estratos sociales.

Tales testimonios literarios, de impresionante actualidad, agrupan los pedazos dispersos de la ciudad y descifran su topografía geográfica y moral. La esencia externa y secreta en torno a los hábitos, los escándalos, las intrigas, la miseria y el advenedizo esplendor social de los habitantes del imperio.

Esas apologías literarias, lejos de dar una visión reduccionista del reinado, describen aspectos autónomos de las costumbres y hacen aflorar la esencia de la sociedad de la segunda mitad del siglo XIX. De manera que, al incorporarnos al pasado, asimilamos esa sustancia sociológica y nos convertimos en visitantes imaginarios de la ciudad.

Cabe destacar la moda que había en la época de frecuentar el Teatro Lírico, reputado refugio de amores clandestinos. Sorprender, sin más, entre las butacas y las galerías, al imponente emperador en chinelas tras librarse de los botines que le torturaban los pies. O en el palco imperial, aplaudiendo a la célebre italiana Candiani. El mismo don Pedro II al que, tras retirarse una temporada de la vida social, se acusaba de haber descuidado el desarrollo de las costumbres. De no fomentar, por ejemplo, el proceso civilizador que Brasil necesitaba.

También se describe la visita al muelle de Pharoux, adonde los caballeros de la época acudieron a agitar las manos frente a la francesa Aimée, una mujer de notoria habilidad en el escenario y en la alcoba, el día que se despedía de Brasil tras una larga temporada en el país. Partía con el arca rebosante de monedas, para alegría de las damas brasileñas, inquietas por los devaneos sexuales de sus esposos.

En estos escenarios literarios, vemos a personajes de Machado de Assis, como Natividad y Perpétua, subir en tílburi al Morro do Castelo cierta mañana, para consultar el futuro de Pedro y Paulo, de la novela *Esaú y Jacob*. La misma colina desde la que la población presenció, entre perpleja y fascinada, en 1808, la llegada de las naves cargadas de tesoros del general Junot en su huida de Lisboa, con don João y la corte portuguesa a bordo.

Y pasear por la estrecha calle Ouvidor al atardecer, donde se concentraba la vida de Río. En la pastelería Colombo, todavía hoy un espléndido salón de té, se muestra la incipiente emancipación de las mujeres, pues allí acudían sin compañía para consumir dulces e ilusiones, mientras entrecruzaban intrépidas miradas con desconocidos. De noche, aparecían las damas de Suzana de Castera, tan famosa por su burdel y sus ideas abolicionistas que el Senado al completo acudió al velatorio de su madre.

Todas estas descripciones conforman un telón de fondo histórico que permite interpretar las inquietudes estéticas y sociales de la época. Y nos lleva a la convicción de que esos patrones de costumbres que explican el Brasil contemporáneo aún subsisten hoy en día.

103. Es difícil ser mortal

Es difícil ser mortal. Más aún si se es mujer. Alguien de camino a convertirse en una criatura que aún no sabe qué significa ser mujer. Ni en qué estadio de la escala social se encuentra. Ni si está al borde del abismo o a punto de abrirse como una nueva flor, o como una polilla que resplandece con sus alas y colores ante la inminencia de emprender el vuelo. Ansiosa por desplegar su plenitud cívica.

Soy consciente de lo angustioso que supone conjugar la naturaleza de ser mujer a la par que mortal. Y, como tal, recorrer los senderos traicioneros de las emociones y el pensamiento. Pretender escribir libros porque se me asignó este deber en la infancia y, de este modo, reivindicar un pretencioso protagonismo.

Y, a pesar de todo, la mujer que somos arde como una zarza ardiente. Atesora en su seno, desde que nació, el acervo inexplorado de una génesis perpleja, cuyo designio es dar vida a otros seres. Una mujer cuyo secreto esplendor desafía los tiempos que vendrán. Y que, en su prolongada oscuridad histórica, donde la emplazaron, exige una explicación. Una interpretación tanto para ella como para el mundo que la rodea. Y que, de una vez por todas, se sepa que esa mujer, que siempre ha deambulado por las regiones sombrías de la tierra, se refugia en el misterio que la adorna mientras alimenta a la humanidad.

104. *Fundador* y la tienda de la calle 42

Cada libro que escribía me transmitía el legado del anterior. Sus momentos lúcidos me socorrían ante mi máquina de escribir Hermès, que mi padre, Lino, me regaló a los doce años. La primera frase escrita da vida a la novela. Así fue con *Fundador*, en 1970, que nació en Teresópolis, en una casa que yo misma construí con los obreros.

Mi fe en los fulgurantes rayos de la creación me llevaba a recorrer siglos y regiones, a aliar lo arcaico con lo moderno. El longevo Ptolomeo, oriundo de Oriente Medio, vendía en su tienda de la calle 42, en Nueva York, material sospechoso y mapas que él mismo diseñaba. Se comportaba como un adivino, como un profeta, como los antiguos hebreos.

Joe Smith, otro personaje principal, lo utilizaba de escudo. Era un joven extraño que investigaba al Che Guevara y al padre Camilo Torres, de la familia Restrepo, ilustres abolicionistas colombianos. Del pasado surgen el visionario Fundador, Monja y el cisterciense Bernardo de Claraval, detractor de los templarios. En aquel mundo en llamas, las almas fluctuaban a merced de la fatalidad. Eran peregrinas.

Aún hoy me sorprende su andanza ficcional.

105. Vargas y una niña llamada Nélida

En una ocasión, me encontré al presidente Getúlio Vargas en São Lourenço, en una de las aldeas del Parque das Águas, un jardín francés de hermoso diseño, y, en un inesperado impulso infantil, me arrojé a los brazos del entonces jefe de Estado. Pese a que mi padre, Lino, temió las posibles consecuencias del gesto de su hija, nada sucedió. El presidente, emérito populista de poderoso carisma, me cogió con firmeza, sin vacilar, me levantó a la altura de su rostro y me besó. Es probable que mirara a su alrededor para medir el efecto de su acto, esperando aprobación. Cuando mi padre se disculpó por el atrevimiento de su hija, el mandatario elogió el sentido patriótico de la niña.

¿Por qué actuaría así, tan decidida?

106. Los registros

No me tomo con rigurosidad vital cada registro en el que me inscribo. Para recuperar Brasil, dispongo de un canal que filtra y ordena el caos.

Al fin y al cabo, ¿dónde nací sino en Río de Janeiro? Aquí estiro mi cuerpo agotado por tantas andanzas, con la convicción renovada de haber regresado al hogar. En esta tierra natal brasileña sé por dónde se pone el sol. Sé que puedo sosegar mi dolor a los pies del Corcovado.

Las ruedas del coche sucumben al peso de mi equipaje. Me avergüenzo de viajar con el mundo a cuestas. Por creer ingenuamente que las cosas de la tierra propia son transportables. Por comprar tantos libros. Por acumular papeles efímeros. Por comprar los bolígrafos que me dan la ilusión de que escribiré mejor con ellos.

Siempre he sido así. Fuera de casa, lleno de notas todos los días. Guardo las noticias que arranco de revistas. Las archivo para que me refresquen la memoria en el futuro. Pero ¿a qué memoria me refiero? ¿A la que me invento y me confunde? ¿O a la que me arrincona y no escapa a un rígido documento? ¿O acaso a esa memoria que no me respeta y aflora cuando menos lo esperaba? ¿Y por qué necesito dar pruebas públicas de lo que he vivido? ¿Acaso no sabría de mi vida si estas no existieran?

El tráfico dificulta el camino a casa, donde tengo prisa por llegar. Mi corazón ya se ha instalado antes allí y ahora espera a que el cuerpo, que es menos sensato, llegue al lugar del que quizá no debería haber salido. Aun sabiendo de antemano que, a pesar de la alegría con que me reciben en casa, volveré a marcharme de viaje una semana después. La vida en ultramar me convoca y yo obedeceré a ese reclamo.

107. Soy miembro de una sociedad secreta

Continúo explorando los misterios del arte narrativo que me atañe. Formo parte de esa sociedad secreta que agota la vida, convencida de poder construir un monumento literario. Pobre de mí, si aspiro a eso. El arte es huidizo, nunca está allí donde lo buscamos. Acepto el desafío de crear, aunque a sabiendas de que los errores y las amonestaciones me persiguen.

Me aferro a la maestría ajena para resolver mejor sus misterios. Sin embargo, la narrativa, a cuyo servicio estoy, no me autoriza a esclarecer su origen, ni a frecuentar su amistad. Pero lo que me importa por encima de todo es provocar en el prójimo la emoción estética equiparable a la vida en estado puro.

He recorrido los escabrosos senderos de la creación, me he enfrentado a toda clase de prejuicios. El machismo, que disponía de estrategias hábiles, actuaba con sutileza, confiando en hacer callar a la mujer, en desvirtuar sus méritos literarios, sobre todo para que su obra no tuviera repercusión alguna en la sociedad brasileña.

Ahora bien, reconozco que, a pesar de las discriminaciones que he sufrido, ha habido admirables intelectuales que me impulsaron a crecer, que aplaudieron mi trabajo y respetaron mi dignidad. Y doy las gracias a cada uno de ellos.

En esencia, el arte no exige una clara definición del sexo del creador. La palabra no está sometida a dictámenes autorales impuestos por la anatomía. Es decir, la literatura no está sujeta al aparato genital del autor. Ni siquiera cuando su peculiar visión de la realidad contamine su agonía. Por eso cada cual responde por su propia idiosincrasia.

Bajo la lupa del escritor, todo cuanto constata es excelente, sin consideraciones físicas. En lo que respecta al arte, ambos géneros son absorbidos por los preceptos narrativos. Mientras se rijan por los códigos de estos imperativos, son libres de circular por los andamios, los subterráneos, los laberintos del arte.

Sé que la lengua de cada cual es impura, grosera, sobre todo en la intimidad del hogar, o que se entrega a la agonía de las vísceras, aunque esté al servicio de lo que se quiera contar. La lengua nació como buenamente pudo, de la miseria, de la degradación, de las alcobas, de las mazmorras, de los crepúsculos y las madrugadas. Pero, al socializarse con dialectos y fonéticas ajenas, amaestró los vocablos de la creación para poder liberar las historias suspendidas en la punta de la lengua.

Es probable que, en la cultura institucional reciente, la mujer aprendiera las sílabas con las que componer las palabras que necesitaba, mientras el hombre, amo y señor de la escritura, se apoderaba del alma femenina.

La actividad de la mujer, privada de consultar los manuscritos, los incunables, se restringía a ocuparse de los sentimientos y las contracciones del parto, a atender a los enfermos, a escuchar los gemidos de los moribundos en sus lechos, en la inminencia de la muerte.

Y cuando el escritor advertía el acervo de conocimientos de su mujer, obtenía de ella cuanto necesitaba, pues él no percibía los detalles profundos de la existencia. Y blandía la pluma a medida que ella le transmitía todo aquello que hablaba de la realidad. No me cabe duda de que Homero, Shakespeare y Cervantes así lo hicieron, alimentaron sus párrafos con la veracidad que les proporcionó su mujer. Pese a que nunca admitieran esta deuda moral, esta transferencia masiva de conocimientos.

¿Y acaso no debió de ser así que, recluida en el hogar, relegada al analfabetismo, al margen de la aventura humana, la mujer participó estoicamente en la construcción de la civilización, aunque su nombre no esté inscrito en los frontispicios como constancia de un testimonio sin el cual el hombre habría interpretado el mundo a medias por carecer de las condiciones necesarias para construir un personaje femenino convincente, universal?

Gustave Flaubert nos brindó la respuesta adecuada a la cuestión del género en la literatura al afirmar en un tribunal, ante sus interlocutores, cuando se le preguntó por su novela: *«Emma Bovary c'est moi»*.

El hecho concluyente es este: si yo no fuera capaz de escuchar al ser masculino, debería renunciar a la literatura. Dicho esto, considero que la primacía del arte reside en la interpretación radical del mundo, en la creación sin trabas, con tránsito libre, que se cimienta sobre unos pilares que, al margen del sexo, obligan a reconocer que la existencia está regida por un caos que, *per se*, en su magnífico embrollo, nada excluye de la oscuridad, de lo que todavía no ha salido a la luz.

108. Cosmogonía gallega

En la tierra de mi familia he situado tramas en el epicentro del arte. He usado como un bálsamo su sustancia arcaica para crear una poética que me ha permitido frecuentar a Homero y a Camões. Y sumergirme en la indisoluble poesía de la vida y la muerte.

Los desatinos narrativos que me han acosado a lo largo de estos vericuetos culturales suprimieron conceptos ortodoxos en torno al arte. Así, tras cruzar la plaza del Obradoiro, el apóstol Santiago me aguardaba, presto a recibir, desde el altar de la catedral, a los peregrinos con el pergamino de la fe contra el pecho a modo de insignia. Ambos me inspiraban a alterar historias, a escuchar las voces ásperas de los viejos de Cotobade, de donde somos. El eco de sus reclamos, cuyos timbres traducían el lirismo plañidero de Martín Códax en el siglo XIII, que, elevado a la gloria, anunció la llegada de Emilia Pardo Bazán, Valle-Inclán, Otero Pedrayo, Cunqueiro, Camilo, Torrente, intérpretes de la cosmogonía gallega.

109. Gabo

Cuando paseo por las calles de Colombia, no se me antojan extrañas. Reparo en la idea de país que García Márquez ha hecho visible a la percepción humana.

Con este modelo en la mochila, recupero en las tabernas, en las habitaciones, en las aguas del Caribe, en las tierras que visito, las huellas que Gabo, maestro de tantos, repartió como quien esparce migas de pan. Trato de localizar, en la vida cotidiana de sus novelas, las dimensiones secretas diseminadas en su obra.

¿Por qué no habría de servirme de García Márquez si estoy en Colombia? ¿Acaso no haría lo mismo con Cervantes si estuviera en la Mancha, o con Machado de Assis en el barrio carioca de Gamboa? ¿Cómo hablar de este país sin alabar a este escritor, cuyas filigranas creativas instauraron unos parámetros artísticos de rara magnitud?

Además, su *troupe* de los Buendía, desperdigada por el mundo, a menudo me persigue con sus narraciones, quiere dominar mis obsesiones. Sospecho que actúa así para no ser olvidada. Sobre todo para que, cuando regrese a sus orígenes, como hago últimamente, me permita formar parte de su estirpe y solidarizarme con su pueblo. Y no deje de amar su vallenato, su poesía, su español lúcido y creativo, sus deliciosas y variadas papas, sus criaturas pródigas en llamas.

No hace mucho, al consultar el mapa, Macondo se revela como un lugar imprescindible en esta cartografía del arte. Aunque envueltos en sombras, se me aparecen los Buendía, fervorosos personajes degradados que emergen del relevo colombiano, se extienden por el continente y atienden las necesidades míticas del bravo pueblo latinoamericano.

Me obligan a creer que este país imaginario que brota de Macondo es una nación real, tangible, cuya humanidad, asimétrica y desvelada, anuncia los secretos y soliloquios de la compleja especie humana. Nos muestra que este territorio, común a todos nosotros, es colombiano desde su fundación, un lugar asediado por maravillas y angustiosas contrariedades.

Conozco bien la dificultad de abordar un país. De traspasar sus fronteras, de habitar su espíritu pese a llevar sobre el rostro la máscara del jaguar. Incluso de hablar de sus entrañas, de sus visiones proféticas. Asimilo estas impresiones familiares movida por los amigos colombianos que en ocasiones, durante breves destellos, demuestran generosidad y vocación mítica. Un comportamiento que guarda cierta semejanza con los Buendía. Un posible grado de parentesco que aporta un exceso de inventiva, el cosmopolitismo que no pierde de vista la provincia, cierto encanto que permite reconocerlo de inmediato, incluso en el extranjero.

Pero esos amigos, distintos de los Buendía, condenados al olvido por la ironía de la ficción, se empeñan en proteger y salvar el universo en torno al cual gravitan los valores excepcionales de *Cien años de soledad*. Convencidos como están de que la misma matriz que dio origen al genio de Gabo, que es Colombia, les asegurará, a ellos y a sus sucesores, el mismo talento en el arte y en la vida. Les garantizará cosechas y un espléndido porvenir.

110. ¿Quiénes somos?

¿Quiénes somos además de griegos, latinos, visigodos, celtas, iberos, árabes, africanos, asiáticos, antes que indígenas brasileños, de una misma carne mestiza?

Somos muchos, diseminados, vagabundos que atravesamos mares y tierras, desde las columnas de Hércules y demás cuadrantes de la geografía. También del paraíso de Adán y Eva, cuya ubicación por suerte nunca se ha localizado. Y que ahora ocupamos la línea del horizonte que nos aparta del mundo.

La extensión de un país forma un continente. Ricos y pobres lo recorren en nombre de la aventura. Esta incursión tiene vestigios de historias vividas, y no necesariamente las nuestras. Somos meros sucesores de pretéritos sinsabores ajenos. De unos pocos recuerdos benévolos.

Advierto que puedo liberarme de las cadenas familiares, también de las de Brasil, y alardear sin retoques de fenicios, cartagineses y etruscos. Una argamasa étnica que me concierne porque mi humanidad le pertenece. Y si he pasado por alto alguna otra sangre, iré en busca de su corriente para beber de ella.

Mi tierra es un universo abrasivo. Una cuna bárbara y escasamente civilizada de tan fáustico fermento, revuelve en mí y en el prójimo una libido triste y halagüeña. Se manifiestan culturas que Dios mismo sembró en el desierto para confundir a sus pastores. Pero nos legó la policromía de la poesía que libra la eterna batalla entre la vida y la muerte.

111. El mapa

Miro el mapa que tanto aprecio. Una cartografía que tiende a favorecer la navegación que guía la vida de marineros y soñadores. Que amplía amablemente el derrotero que sigue el mundo y, por lo tanto, el nuestro. El trayecto de casa al trabajo. De las quimeras al velatorio.

Las demarcaciones de los mapas no contemplan el fin de los mortales. Ni definen las directrices del destino. Mejor así. Me maravilla la manera en que cada registro se corresponde con una población concentrada que se desplaza sin comunicar a los mapas hacia dónde se dirige, siguiendo las rutas de un trazado impecable.

Es fascinante, cada una de sus líneas ha sido diseñada por alguien que recorrió la tierra con el propósito de trazar la ruta para los caminantes.

Yo, que reconozco el hechizo de los mapas, les atribuyo el poder de indicarnos el puerto que salvará al ser humano. Porque reconozco una magia en esa cartografía capaz de diseccionar el tamaño de la tierra. Sin siquiera borrar la existencia de una aldea que hizo lo imposible por existir.

Aunque los mapas se restrinjan sobre todo al suelo, quizá un día podrán predecir la llegada de vientos tempestuosos que hunden las naves. Tal vez algún cartógrafo insensato vaticinó, sin protesta pública alguna, el naufragio que Camões sufrió frente a la costa de Camboya.

También dejó constancia de su esfuerzo por salvar *Los lusiadas*, monumento de la lengua portuguesa, que llevaba consigo mientras, según imagino, invocaba a Dios.

Estos mares que observo en los mapas propiciaron viajes que atizaron mi imaginación. Inventé, fallé y compensé errores con nuevas versiones y hechos. Ahora bien, ¿qué pueblos están en la memoria de los mapas que, sorteando aguas e islas, se zafaron de los crímenes que cometieron? ¿Que actuaron con crueldad, saquearon bienes y riquezas, diezmaron aldeas y sometieron luego a los supervivientes? Para que esa tierra de asesinos obviara la impronta de Sócrates, Jesucristo, san Agustín, los mártires, los anacoretas, los maestros de las enseñanzas lingüísticas y musicales.

¿Acaso la plenitud del arte, que enaltece el espíritu, no ha inhibido el instinto humano que se descubre al matar al prójimo? El ser humano es todavía un pedazo de carne que disfruta dando muerte a otros, y me avergüenza.

112. Martín Códax, el trovador

Pienso en cierto rapsoda de finales del siglo XIII que recorría la península con el afán de ser poeta. Nos dejó una obra. Yo lo llamo Martín Códax, pues es quien quiero que sea. Sin duda, como trovador o poeta, recurrió al pasado para impregnar el presente que le tocó vivir. Me figuro que se cansó de cuestionar las promesas guardadas en su génesis.

Sin embargo, gracias a ese repertorio íntimo, que tenía archivado desde una época obscurantista, este goliardo, y amigo mío, alimentó el ideario de las primeras palabras, mientras el mundo intentaba proscribirlo. Cuántas veces debió de oír las maldiciones de los hambrientos, de aquellos que sufrían las consecuencias de una lujuria que afloraba sin que la persona ante ellos supiera qué parte de su cuerpo atender.

Ahora bien, poco después, ese tal Códax con instinto narrador expresó por medio de palabras algo a lo que nadie había dado voz. Aunque lejos todavía de ser el esbozo de una futura utopía.

Siempre lo siento cerca. Hoy es el nombre de un vino.

113. Lo que motiva a la vida

Me pregunto qué motiva a una vida como la mía a dedicarse apasionadamente al arte. ¿Qué justifica tanto sacrificio sino una decisión crucial, irrevocable? ¿Y que me lleva a renunciar a las «pompas y circunstancias» con sus frívolos pasatiempos?

Soy mayor, pero todavía sufro cuando escribo. La sustancia verbal que llega al final de mi pozo insiste en demostrarme que aún puedo ejercer el divino oficio de escribir. Que aún soy capaz de conciliar a voluntad el desgobierno del arte con mi existencia. ¿Dónde si no se halla esta vida que lleva mi firma? ¿Permanece acaso allí donde no estoy durante el acto de escribir, cuando esa vida personal está a la expectativa de una palabra que se obstina en no surgir, aunque la busque como un cazador solitario? Sé que seré capaz de dar con la materia incandescente que me permitirá llegar al clímax de la narración.

Y aquí estoy, a la espera de un día solar o, como dijo Machado de Assis el día de la Abolición, «brillaba el sol, un gran sol», y yo repito la frase con el ansia de ser él, y me sumerjo en mi condición de escritora. Vuelvo a preguntarme si, en mi trayectoria, no habrá al menos un trazo de mi vida en alguna frase que concibiera distraídamente. O una expresión suelta en medio del torbellino de otras que el personaje me arrebata como si fuera suya, en su afán de dilucidar el mundo.

No sé a qué conclusión llegar. Pero intuyo que me vinculo fundamentalmente a lo que invento, a lo que se origina en los subterfugios recónditos del arte. No soy libre, ni siquiera cuando ejerzo mis derechos como ciudadana o me entrego a las atroces garras del amor. Soy presa de una avidez que me obliga a ingerir todas las mañanas las gotas de veneno que el arte, alquimista diabólico, me prepara para que no pierda la fe en la pasión que ella inspira para sobrevivir entre mis manos. Y salvarse, y a mí también.

114. La Unión Ibérica

Durante la vigencia de la Unión Ibérica, el castellano reforzó su presencia en la colonia debido a la llegada de españoles y judíos expulsados de España, y a la inexistencia de la imprenta en Brasil, de manera que solo era posible leer en español o portugués libros que venían de Europa. También gracias al género epistolar, a la correspondencia intercambiada en ambos idiomas.

Así como el conjunto de estas circunstancias impulsó la asimilación del español, también propició, en contrapartida, un antiespañolismo en la comunidad portuguesa de la colonia. Hasta el punto de que un colono portugués espeta a un español en el libro *Confissões da Bahia*: «Antes muerto que castellano». Con la consiguiente respuesta del español: «Antes muerto que portugués». Como vemos, una guerra en sordina que se extendía entre ambos grupos.

Por eso no es de extrañar que en la Bahía del siglo XVII el célebre poeta satírico Gregório de Matos se confesara un apasionado de Cervantes, maestro del ridículo humano, a quien leyó en la lengua original. Como tampoco que el extraordinario y consagrado orador Antônio Vieira, cuya nacionalidad ha sido motivo de acaloradas disputas entre Brasil y Portugal, escribiera algunas de sus composiciones en castellano. Ni que el brasileño Manuel Botelho de Oliveira, poeta del siglo XVII, creara poemas y comedias en español.

Tales combinaciones lingüísticas e históricas han permitido que se reconozca que, aparte del latín, la lengua común, en el sustrato brasileño hay vestigios de la presencia de la lengua española. Un supuesto antropológico y cultural que enriquece sobremanera nuestro repertorio y refuerza la idea de hasta qué punto España y Portugal, en conjunto con el legado tupí-guaraní, forman parte de la poderosa matriz civilizadora de Brasil y de la lengua con la cual queda registrada la realidad social y literaria.

Por consiguiente, cabe pensar en la posibilidad de que existe un bilingüismo de carácter estético que enriquece el portugués y el castellano, con el refuerzo fundamental del tupí-guaraní y de aportaciones africanas. Infiltraciones de gran valor, sin duda, que han dejado marcas visibles en el habla popular y la escritura erudita de Brasil.

Al menos en este asunto de la lengua, somos bienhechores.

115. Eduardo Lourenço

Eduardo Lourenço se ha marchado, sí, pero no para siempre. Nos ha dejado el consuelo de su precioso bagaje de logros y recuerdos. Un legado incrustado en la patria de la lengua y los sentimientos. Allá adonde he ido, ya fuera Portugal, Brasil, o cualquier otro país de habla portuguesa, me han llegado ecos de su sabia existencia.

Nos conocimos hace muchos años y nos hicimos amigos. Nos veíamos siempre que yo iba de visita a Portugal, o cuando él venía a Brasil. Él sabía cuánto amaba yo su tierra portuguesa, y aumentaba ese aprecio con buenas historias que me hacían feliz. No obstante, nunca le confesé que, durante mi estancia en Sagres, ese arrebatador litoral de vientos furiosos que apuntan al mar como destino, sentía al maestro a mi lado. Me acompañaba a aquel enigmático promontorio, y me contaba las hazañas náuticas de don Enrique y los suyos. Con sus propias palabras, allí mismo, o en torno a un ágape, cristalizaba siglos de historia, que yo fundía en mi agradecida imaginación.

Bajo la mirada del infante y demás célebres fantasmas de Occidente, recuperábamos juntos el clamor poético de Camões. Sabía que era fundamental hablarme del cabo Bojador, del valiente e insensato Gil Eanes, para mí todo un enigma desde mi adolescencia. Juntos reafirmábamos y revocábamos los mitos. Entonces los miembros de la ínclita generación del poeta me perseguían, y él aplacaba mis desvaríos. Pero describía la odisea del imperio de ultramar desde el pequeño reino de Portugal. Dominaba el arte de la analogía, tan de mi agrado.

¿Cuántos años tuvieron que pasar para que surgiera un intelectual como él en la escena portuguesa? Un pensador capaz de explorar con eficiencia el origen de todos y la evolución de la humanidad. Con vocación de situar en la portada universal el repertorio de peregrinaciones de su pueblo por el mundo. Como resultado, acumuló la materia necesaria para hacer reflexiones con las que interpretar todas las épocas.

Lo tengo muy presente. Resalta su sonrisa franca y generosa, si bien algo caída. De porte menudo, Eduardo Lourenço me parecía un audaz navegante que jamás naufragó a pesar del magnífico peso de sus ideas y formulaciones. Pensador libre de fórmulas rígidas y tecnicistas, de teorías arrogantes, fue sin duda ungido por las matrices propias de un humanismo que apoyaba causas y razones inherentes a su condición.

Dotado de una visión vasta y universal, se apropió de fundamentos civilizatorios con los que sedimentó su obra, ampliando su horizonte histórico. Para que nada sobrara ni faltara en sus ponderaciones. Un intelectual que, sin engañar con falsas modernidades, se fijó en culturas remotas, conservadas en cápsulas secretas. Entusiasta de las estéticas subyacentes a las acciones humanas, reconocería quizá que el pasado está siempre en el presente.

Pienso en Eduardo Lourenço y parafraseo a Terencio. Al igual que el romano, Eduardo nunca dejó de lado a su especie, ni renunció a la fuerza que emanaba de la palabra. En su *Laberinto de la saudade*, la saudade era el resultado de la temporalidad esencial de nuestra conciencia carnal, que además expresa lo que él predicaba, o la frase con la que intentó definir el destino de su Portugal: «Somos, por fin, quienes siempre quisimos ser».

Sufriré su ausencia. He sentido una profunda devoción por él desde 1989. Me infundía fuerza cuando estábamos juntos. Pues era un hombre jovial y galante que se impregnaba de la savia de la vida. Nuestras conversaciones me instruían, mientras nos tomábamos una tradicional *sopa de pedra* en casa de mi querida Leonor Xavier.

Pero ¿cómo despedirme de Eduardo Lourenço? Tal vez recordando cierta visita a una ceremonia de candomblé, en Bahía, cuando, al sentirse débil y abandonar el recinto, sentenció:

—No pienso entrar en trance. Soy lector de Descartes.

Hasta siempre, maestro Eduardo Lourenço.

116. Vísceras

Tengo vísceras que aseguran el calor y la escritura. Sus estertores proclaman que soy dueña de un cuerpo cuyos impulsos, a menudo mezquinos, me tornan indiferente al destino ajeno.

En medio de los sobresaltos del mundo, cuando escribo anticipo el desenlace de la trama. Pero hoy, en esta noche lunar, poco me importa que me juzguen. Hace mucho tiempo que relativizo los recursos del arte de la escritura, consciente de que son inalcanzables para algunos. Yo intuyo el método para empezar una historia, para encontrar las frases rotundas o secas que abrirán una novela. Pero me esquivan, se repliegan en el capullo de un inconsciente que inhibe la orden poética. ¿Cómo dar en el blanco lingüístico para que me brinde una corona, pero no de espinos? Dios mío, ¿en qué lugar se esconde la frase que me garantizará la grandeza de una obra literaria? Una frase que sepa cómo quiere ser contada, y a la que yo deba obedecer. Por lo tanto, más sabia que yo. Pues que sea ella quien narre.

No siempre es fácil ceder a la superioridad del misterio que impulsa el arte. El arte, que me dicta los caminos que debo seguir, de tal modo que casi ni me correspondería firmar con mi nombre. Sin embargo, pese a los temores más íntimos que surgían a la primera señal de la palabra, que me abrasaba, siempre pura llama, me atrevía a traspasar sus límites, contenía la respiración, y se me revelaba el fulgor de la felicidad. La cabeza y el corazón conjugados me dictaban lo que era esencial.

Acepto con valentía los dictados de la invención, el imperio de las metáforas que, aunque anárquicas, producen analogías que ya existían en el tablero de la vida. Mi voluntad está subyugada al arte que heredamos del Neolítico. Sus anhelos siguen hablando hoy, imponen principios estéticos. Insinúan certezas y engaños que me empañan la visión. Contienen matices de significados arrancados del subsuelo de una humanidad en proceso de formación. Las primeras palabras fueron un prodigio del ser humano.

Yo también, en el oficio de escribir, relegué al hombre de las cavernas al sepulcro de la historia. Es posible que yo misma sea uno de ellos. Pero he aprendido a esquivar la verdad para dar realce a las claves de una novela. La ficción, con su ambiguo andamiaje, no miente, su compromiso es otro, pero sin contenido moral. Al menos en cuanto a los personajes, cuya tierna y cruel brutalidad revela quiénes son.

Sin duda, el arte no sigue doctrinas o normas. Cualquier desenlace romántico sirve a sus intereses. Cualquier destino acaricia la utopía de las tribus emancipadas. Motivo por el que abrazar un universo que se desprende de la realidad, para inventar otra que yace oculta en el corazón humano. En las inmediaciones de la apremiante necesidad de mis vísceras.

Suelo evitar la verdad estética. Sin causar perjuicios. Me limito a exponer el impacto del destino de la escritura.

117. Mateus y Sagres

Mi evolución como escritora de ficción me ha llevado a hacer profundas reflexiones. Así, he ido tejiendo una exhaustiva urdimbre narrativa subordinada a la trama, que reunía a personajes para confrontarlos, con el pretexto de encontrar las claves de la naturaleza humana.

Para ello exploraba las notas anónimas que guardaba de mis escrutinios familiares, y que luego incrustaba en el corazón del texto, el festín de la novela. Puesto que yo misma he empleado ardides, siempre he sabido que ninguna novela es inaugural. A lo sumo, una vez impresa, quedará como un testimonio aislado sobre alguna lápida olvidada.

Un día llegaré a Sagres se publicó en Brasil en 2020, en plena pandemia. Para escribir la novela, leí exhaustivamente sobre el reino portugués del siglo xv al xix. Más adelante, me instalé durante un año en Lisboa. Desde la capital, recorría las regiones idóneas para mi historia, sin perder de vista que el principio de la novela se ubicaba en el Miño, y que Mateus y Vicente eran el eje principal.

Recurrí al repertorio de leyendas que perduraba en el inconsciente popular, en el legado de Camões, cuyo eterno remanente poético, reforzado por mi sensibilidad musical, circulaba entre las aldeas, las antiguas edificaciones y el viento de Sagres.

Entendí que el siglo xv portugués había dado al mundo un nuevo concepto de imaginación. Una civilización que se había pulverizado entre varias culturas, y yo recolectaba sus fascinantes ruinas a través de Mateus, un labrador desconcertado por las amargas alegorías difundidas entre su gente.

Gracias a las experiencias que había vivido en la infancia a lo largo de dos años en la rural Cotobade (Galicia) podía comprender las frustraciones de Mateus y de Vicente, que vivían con el constante temor a perder las cosechas o algún animal. Yo misma sufría con sus lamentaciones cuando araban el suelo ingrato. Al mismo tiempo que escribía sobre la sexualidad exacerbada de aquellos hombres, sobre el espanto que su propio cuerpo les causaba. La fantasía con que lo compensaban, que tenían a su alcance.

Los sobresaltos se van acumulando a medida que avanza la trama. La efigie del infante don Enrique impregna la novela. Sus incursiones marítimas representan la utopía en la que Mateus necesita creer para poder vivir. Bajo la custodia del Navegador, el protagonista recorre el reino con el objetivo de llegar a Sagres, cuna de una grandeza pasada que, según espera, lo podrá redimir, a él, un portugués desvalido. Una vez que conoce este esplendor y lo hace suyo, consigue ahuyentar el sentimiento de fracaso, la culpa de ser bastardo.

Con el correr del tiempo, Mateus va conociendo la caleidoscópica existencia humana. No la acepta ni se concilia con ella. Y llega a la vejez convencido de que la insolvencia de la nación es la causa de sus desgracias. Y que él solo se había dejado llevar por ellas. Al fin y al cabo era su hijo.

Una vez que me familiaricé con los datos históricos de Portugal, no permití que los hechos condicionaran mis decisiones narrativas. Medía las emociones y las gobernaba. Pero inducía a mis personajes al delirio. Pues escribir es fruto de la invención. Que no está sujeta a un guion previo. Y Mateus, que estaba a salvo de coerciones documentales, era responsable de su propia carga. Ningún otro personaje de la novela vivía a merced de las imposiciones históricas. Y es que yo los libraba de la fatalidad de una pasión revestida de ornatos envenenados.

Al narrar la odisea de Mateus, el infante, el Africano y Matilde, los hice partícipes de un pueblo cómplice de los mares, de las tierras ignotas, de las victorias. Con mis pronósticos como narradora sentía que me dirigía al cadalso del arte. Era doloroso, pero el despuntar de una estética que se prestaba a florecer me salvaba. ¿O no fue así como intenté construir una epopeya a la altura de un pueblo que, mientras aguardaba el regreso de don Sebastián en el muelle entonando *Los lusiadas*, untaba el pan de maíz con aceite y sardinas?

Inicié la novela con valiosos conceptos históricos. La terminé convencida de que no había entronizado el pasado, sino que únicamente le había dado vida. No quise que el presente se impusiera. No se merece la gloria de antaño. El mérito de la ficción está en reconstruir con fervor el paisaje humano, hablar de los que vivieron. La imaginación es la salvaguarda del lector, lo guía hacia donde precisa ir. Sin enaltecer la época presente, que está aún por escribir.

118. América es un mito

América es un mito que se reproduce en otros tantos. Como hija de este continente, los he incorporado a mi vida narrativa. Y, al enlazarlos con la prodigiosa aventura migratoria, pronto empecé a perseguir el ideal de abordar en el futuro una novela que abarcara un universo integrador, de intenso contenido épico. Una estructura con la capacidad de contar la historia de América, de poner de relieve los cimientos brasileños desde una perspectiva nativa y, a la par, europea. Una forma idealista de contemplar lo que en el pasado fue el paraíso perdido, según palabras de Rousseau, Montaigne, Boétie, Montesquieu y demás soñadores progresistas, sobre todo en cuanto a la cuestión indígena. Una novela en cuyo centro irradiante se proyecte la imagen de *terra incognita*, próxima al concepto utópico de Tomás Moro.

Sin duda, un escenario de magnitud edénica, según el testimonio de los viajeros europeos de los siglos XVI, XVII y XVIII, como Von Martius, Hans Staden, Langsdorff o Humboldt, que coincidían en describir Brasil bajo un fuerte impulso creativo, siguiendo el criterio estético y antropológico de sus países de origen, cuyos conceptos se correspondían en general con las expectativas fantasiosas de una Europa cuya imaginación ya agotada anhelaba la asombrosa savia que les brindaban los deslumbrantes parajes al otro lado del Atlántico.

A partir de estas consideraciones, adopté al inmigrante como intérprete de la idiosincrasia brasileña. Decisión que reforzaba el hecho de que yo dominaba el tema de la inmigración gracias a mi experiencia familiar. Y porque podía extraer las sensibilidades más recónditas de esos inmigrantes, así como reconocer de qué modo habían fecundado sus vidas a su llegada a América.

119. Viajes atlánticos

A lo largo de mis viajes atlánticos, que han sido muchos, he inventado y desorganizado las mallas de la escritura. Me recordaba a mí misma de niña en el atrio de la iglesia de Borela, recitando los versos agónicos de Rosalía de Castro. Vacilando en frases que, pese a las incertidumbres suscitadas, me ofrecían un manantial de riqueza. Pero, al medir sus palabras, intuía la grandeza de los poemas de Rosalía, que perdurarían mientras el pueblo gallego, reunido en torno a la mesa, confiara en el futuro.

En manos de Rosalía, los cristales sonoros y las claves secretas de la lengua también eran cómplices de profundos fenómenos telúricos. Es posible que en su fuero interno recurriera a las emociones humanas para su propia adaptación poética, que tomara prestadas palabras del pueblo gallego en su afán de dar forma lírica al dolor y los sentimientos. Su retrato, sin embargo, muestra a una mujer taciturna. No debió de ser feliz en una Galicia que no estaba preparada para su genialidad. Pero fue la única mujer en la historia de la cultura que representó para su gente lo mismo que Camões para Portugal, Cervantes para España, Shakespeare para Inglaterra, Dante para Italia y Machado de Assis para Brasil.

Sin embargo, sé que aún vivo bajo los efectos de una tradición que, de la misma forma que un yugo, une la carroza de la ilusión y la credulidad al eje de mi narrativa. Ligada de este modo al arte de fabular, acaban surgiendo del recuerdo personas que habitaron mi infancia. Como la mujer gallega con el arado, el hombre con la boina hundida en la cabeza y el pitillo abandonado en la comisura de los labios. Imágenes tan impactantes que ¿cómo borrarlas?, si Galicia es una matriz que se apoya en la argamasa histórica de meigas, conjuros, herejes, un cristianismo con vestigios paganos, identidades bastardas, frases inscritas en frontispicios que invocan la antigua Grecia.

Sin embargo, en las horas crepusculares pensamiento y fabulación se unen, se funden en torno a la quimera. Bajo el halo de lo sagrado, a orillas del Miño y del Atlántico, saco a escena la tríada formada por Brasil, Portugal y Galicia. Me declaro, y pido que se me apoye, partícipe de sus idiosincrasias. Sé que la cultura acaba siendo aquello que la imaginación le dicta.

120. El corazón brasileño

Nacimos del mestizaje. De un universo impregnado de ficción, de fingimiento. Sin saber a quién debemos la idea de realidad que concebimos como una invención personal que rechaza los proyectos colectivos. Un realismo marcado por una alta dosis de ilusión que forma parte del carácter social.

Para los brasileños, aparentar lo que no somos, presumir de lo que no tenemos, es fundamental. Mientras fingimos poseer unos bienes que, en realidad, pertenecen al vecino, aseguramos ser amigos del rey, comensales en la mesa del poder. Qué fácil nos resulta insinuar que somos íntimos de aquellos que gozan de fama. Y todo para ostentar un arrojo del que carecemos.

Esa danza de las apariencias lleva tiempo instalada en el alma nacional. Influencia que quizá provenga de la península ibérica del siglo XVI, antes incluso de que existiéramos como nación. Lo cierto es que esta conducta, pese a venir de lejos, tuvo efectos persuasivos. Y, en un intento de interpretarla, nos obliga a viajar al interior de la historia de los países de los que procedemos.

Para entender el carácter brasileño que tan bien refleja nuestro comportamiento público y privado, es necesaria una reflexión sobre nuestros orígenes. Preguntarnos varias veces qué es ser brasileño. ¿Es nacer en Brasil, en un lugar cuyo nombre no aparece en el mapa, ni con la ayuda de una lupa? ¿Tal vez un lugar inventado por una madre que, en cuanto dio a luz a su hijo, le llenó la cabeza de mentiras y delirios para garantizarle un sentido de humanidad?

¿Ser brasileño es presentarse ante las autoridades con toda clase de documentos que constaten nuestra filiación? El nombre de los padres, la fecha de nacimiento, el sexo, los rasgos particulares. Como a qué etnia pertenece tu pelo, que unas veces es fino, y otras se encrespa y se ensortija. O la nariz, que cambia cuando las narinas se dilatan y da una apariencia distinta al rostro. Esas etnias que, en realidad, no es posible definir. Porque lo que realmente importa es proceder de todos los linajes, proclamarse descendiente de las andanzas del ser humano por el mundo.

¿Ser brasileño es hablar portugués? Ese idioma que vino de Portugal hace unos quinientos años para ser la lengua de los quebrantos, de los deseos eróticos, de los sentimientos, de la elocuencia parlamentaria, del susurro de los sentidos. La lengua de los guerreros, de los dictadores, de los vándalos, de los torturadores, de los que nos engañan con la excusa de servirnos. La lengua de la madre, del padre, que viven con miedo a la vida, sin saber apenas controlar las emociones que no se permiten mostrar. La lengua de los amantes, de los vencedores, de los pecadores. De los que piden disculpas a sabiendas de que volverán a incurrir en la misma culpa. La lengua de los ajusticiados, de los vencidos, de las irradiaciones poéticas, de los falsos dueños de silbidos y palabras.

¿Es brasileño el que se ríe del ridículo que nos desprestigia? Llorar cuando el dolor es público, ¿ya no disimula la alarmante realidad que nos asola? ¿Cuando nos anegamos en llanto y abrazamos al prójimo? ¿Es gritar cuando se marca un gol que decide el partido y sostiene la ilusión para afrontar la semana, para proclamarse brasileño el resto del año? ¿Es beber una cerveza descrita como rubia fría por el vulgo y la emoción? ¿Para cristalizar similitudes en torno a la mesa y diluir las divergencias que nos separan? ¿Y, por lo tanto, quedar reducidos a los escasos recursos que nos unen?

¿Ser brasileño es la fatalidad de inclinarse ante los mismos misterios que afectan a nuestra alma? ¿También a riesgo de demoler quimeras, el concepto de patria o el patrimonio colectivo?

¿Formar parte de ese país es apuntar hacia Brasil y reconcomerse en él? ¿Entenderlo como el hogar, el refugio, lejos del cual somos extranjeros?

121. La cultura es real

La cultura es real, está hecha de la sustancia de los mitos. De origen ciego, es imposible rastrear sus gritos primigenios, los aullidos de primates y demás criaturas.

Su carácter tribal le ha asegurado una autoría inolvidable, ha conservado en la memoria cómo se ganó cada pedazo de carne en la batalla de la supervivencia. Del mismo modo, los animales han sido tan protagonistas como los cazadores en un relato que tiene sus inicios en tiempos oscuros.

¿Quién escribió sobre una piedra unos trazos pretendiendo expresar algo, dejar constancia de lo vivido? Esbozos que, al no parecerse a nada conocido hasta el momento, introducían así el principio de la estética. ¿Y no es esta acaso aquello que se opone a lo visible? ¿Aquello que más se aproxima al sueño de los primates que se iban tornando humanos? ¿Y todo para que no hubiera lagunas en el paso de esa tribu por la tierra?

¿Acaso habría que suprimir esas incipientes manifestaciones artísticas cultivando mitos? Un conjunto de leyendas en torno a la valentía de haber resistido, de no haber sucumbido a la noche. Mientras el paisaje psíquico se despojaba de los horrores para que la realidad lo cubriera de árboles frutales y mazorcas. Una promesa lírica, la representación de un universo que se inauguraba.

122. Cuestiones fundacionales

En cuanto escritora, vivo entre la mazmorra y la llanura frondosa. Entre los mares y el desierto. Vivo donde no estoy, pero donde sé que llegaré. Como tal, este oficio tiende a ser indulgente. Tiende a no dar importancia a un crimen por haberlo cometido un ser humano, el personaje principal de su narración. Sus líneas tienen licencia para desatar el instinto humano. En esta estética no hay culpa, de modo que el culpable es absuelto en nombre de su inocencia.

Cuántas veces la poesía y la prosa forman líneas de palabras vanas. Cuántas veces dicen lo que sea porque carecen de propósito y rumbo. En ambos casos me agotan, aun cuando pretenden fertilizar mi alma. Me cansan, al contrario de lo que aprendía de los sublimes maestros.

Sin embargo, la poesía y la prosa me ofrecen la plenitud de la palabra, ante la cual me inclino. Esta me brinda una percepción poética que nunca es inútil, sin deficiencias en sus designios. Aun así, todavía temo alimentar mi fragilidad con las palabras. Pero ¿qué hacer si llaman a la puerta, si imponen su existencia? Además, ¿por qué no me desprendo de lo que me limita?

Entonces me distraigo preguntándome cómo se configura el repertorio verbal a partir de Pedro Vaz de Caminha. Cuya carta se conserva, como partida de bautismo de Brasil, en la cápsula de nuestros misterios. No hay modo de saber qué antepasados, entre portugueses e indígenas, movidos por el poder del habla, se arrojaron al abismo en busca de las sílabas que forjaran nuevas palabras para el idioma.

¿Es posible que, hostigados por la necesidad y la osadía utópica, repudiáramos la lengua castiza para renegociar con sentimientos que surgían por primera vez en la nueva tierra? Y todo esto entre la alegría del sexo y la guerra. Unos y otros se maldecían como fórmula de gentileza. Una manera de matar, de ignorar reglas cristianas que los portugueses traían grabadas en el pecho.

Con la lujuria, la cultura del mestizaje interpretó una manera de relacionarse con el mundo, que agrede el cuerpo ajeno y deposita en él su semen avasallador. Pero así fue como se levantó el imperio de otra carne luminosa, presta a ocupar nuestras tierras.

¿Cómo vivir en Brasil sin ser mestizo, como Machado de Assis? ¿De qué otro modo, si no, seríamos los herederos predilectos de una utopía? En aquella encrucijada en la que pensamiento y acción abandonan los límites de la historia en sí misma y esparcen otras formas de entender la vida. El choque entre fuerzas procedentes de la realidad mestiza, opuestas a la cultura heredada. Un movimiento pendular que cuestiona su propia universalidad ante la expectativa de ser legítimamente universal.

123. El rostro de Clarice

Para Clarice, cada día era un regalo lleno de esperanza. Le bastaba con tomar café, comer y enterarse de alguna buena intriga o peripecia para que surgiera en ella una brizna de ilusión. Pero luego sus ojos verdes, afligidos e intensos, parecían transmitir el mensaje: todo lo que veo en esta sala es monótono y familiar. ¿Es que la vida no puede renovarse, aunque sea para sorprenderme?

Cierta tarde fuimos al auditorio de la Pontificia Universidad Católica de Río de Janeiro. Tras un debate acalorado entre dos renombrados intelectuales, Clarice Lispector se levantó furiosa de la silla y me instó a seguirla. Una vez fuera, entre los árboles del jardín, decidimos ir a la cafetería. A continuación expresó el siguiente comentario con sabor a café e indignación:

—Diles a esos dos que, si hubiese entendido una palabra de todo lo que han dicho, no habría escrito una sola línea de todos mis libros.

Al dejarla en el taxi, me dijo que en cuanto llegara a casa se daría un festín con las sobras de pollo de la comida. En ese momento me inspiró tanta ternura que quise protegerla, que Brasil reconociera su grandeza de una vez por todas.

Clarice era así. Iba directa al corazón de las palabras y los sentimientos. Conocía el camino recto para ser sincera. Por eso, cuando aquel viernes de 1977 el arpón del destino le alcanzó el corazón a las 10.20 de la mañana y paralizó su mano dentro de la mía, comprendí que Clarice había agotado, por fin, el denso misterio en torno a su vida y obra. Y, aunque la muerte, con su inapelable autoridad, nos hubiera liberado de la labor de descifrar su enigma —marca singular de su luminosa genialidad—, todo en ella prometía resistir al asedio de la exégesis más persistente.

Sin embargo, la historia de la amistad se teje con tramas sencillas. Con unas cuantas escenas simples, emociones fugaces y platos de sopa humeante. Todo ello destinado a reposar en el recuerdo y caer en el olvido. Hasta que una única palabra vuelve a dar vida a quien partió repentinamente.

Así, recuerdo con rara insistencia las veces en que vi a Clarice apoyada contra la repisa de mármol de una jardinera que había en la entrada de su edificio en Leme —en concreto, en la calle Gustavo Sampaio, 88—, mientras los transeúntes pasaban, indiferentes a su suerte.

Cuando íbamos en coche, durante breves instantes yo solía observar, conmovida, sus secretos movimientos. Abstraída, como si salvara una geografía exótica de tierra áspera, revestida de espinos. Y entonces intentaba imaginar qué clase de universo verbal debían de inspirarle aquellos viajes.

¿Es posible que la humillación del dolor y la conciencia de su soledad le causaran un vértigo insoportable, imposible de compartir? ¿Por eso parecía fundir múltiples realidades en una sola a la que poder dar un nombre doméstico, familiar, de uso común a todos los hombres?

Para diluir el sentimiento de ternura y compasión que a veces me asaltaba, cuántas veces corrí hacia ella para simplemente decirle: ¡Clarice, ya estoy aquí!

Ella sufría un ligero sobresalto, perceptible acaso en sus labios retocados de carmín, o en sus manos, de ademanes a menudo impacientes. Pero enseguida me daba a entender que estaba lista para partir. En ocasiones confiaba en la salvación humana. Tal vez la vida se le revelaba a través del hueco de la ventanilla del coche, que entreabría apenas para que no se despeinara su melena rubia. Al final comprendí que en esos momentos, con el coche en marcha, también se adaptaba al paisaje, a las calles, a las criaturas, a las palabras que yo vertía como la leche espumosa y fresca de las vacas, que tanta ternura nos inspiraban a ambas. Hasta que llegaba un momento en que, agotada la novedad que le brindaba la existencia en aquella brevedad crepuscular, volvía a sumirse en la más densa y silenciosa angustia.

Y, aunque el teatro humano le ofreciera un drama de escenas agotadas y final previsible, Clarice dejaba al descubierto —para que yo nunca lo olvidara, pues tal sería uno de sus valiosos legados— su rostro ruso y melancólico, desafiante y compasivo. En ese rostro confluían las etnias peregrinas que prevalecieron a lo largo de los siglos, que recorrieron Oriente y Europa hasta arribar al litoral brasileño, donde ella vino a tejer el nido de su patria y el imperio de su lenguaje.

Y es que en Clarice estaba impresa la difícil trayectoria de nuestra humanidad, mientras volvía a posar su mirada resignada sobre la playa de Copacabana que el coche, poco a poco, iba dejando atrás.

124. El triste pan de cada día

En ocasiones, la vida cotidiana me rodea con un abrazo mortífero. Como una mortaja que me reconforta para hacer frente al futuro. Me aniquila poco a poco, cuando me enfrenta a tareas inhumanas. No hay en toda la casa un solo rincón donde esconderme.

Vivo sujeta a la mediocridad que resplandece con exaltada pompa en los periódicos. Los despachos de los sátrapas carecen de medida de grandeza. Se corrompen con fastuosos festines y abrasan mi cuerpo con el fuego de la absoluta indiferencia. Gente mediocre, incapaz de devolver el trono al pueblo.

Mi madre me enseñó a expulsar de casa a esta clase de mercaderes del templo. No sé increpar a estos agentes del mal, flagelarlos. Pese a mi pasividad, como buena brasileña, me pregunto cómo pueden acumular riquezas patrias en perjuicio de nuestra salvación. Se oponen con indiferencia a las llagas de los pobres, al hambre que brota de sus chozas, a los que, encadenados en las cavernas, nunca leerán un libro. Lo cual va contra mi derecho de reivindicar el arte como razón vital.

Como los demás, soy una ciudadana vilipendiada por aquellos que, empuñando el cetro del poder, ridiculizan el hecho de que, en nombre del humanismo, como los antiguos cristianos en la arena romana, esté dispuesta a abrirme las venas, renunciar a la vida y dejarles en herencia este asesinato. Que la carne consumida en el lecho o en el plato los maldiga para siempre.

Desde mi habitación, entrada la madrugada, pensaba en los anacoretas del siglo IV, los padres del desierto, que esparcieron desde sus cuevas los beneficios que nos concede el coraje, del ayuno que los asemejaba a Dios. Fueron los precursores de los jóvenes de la década de 1960 que, insuflados por el fervor de encontrar una nueva propuesta de vida, de un ideal que no tenía nombre todavía, abandonaron la comodidad del hogar y la universidad. Partieron para ser ellos también ermitaños que consumían sexo y drogas, dispuestos a experimentar las delicias de la voluptuosidad. Mientras que mis anacoretas únicamente aspiraban a alcanzar la santidad por medio del ascetismo. Hasta el extremo de que uno de ellos, al ser tentado por una dama indigna, a punto de ceder a los caprichos del deseo, no vaciló en amputarse un dedo con el hacha.

No sé por qué estos eremitas del desierto se me aparecen, proclamando lo mucho que es capaz de afrontar el ser humano cuando se ve forzado por un desconocido cuyo origen ignoro. Y que aun así es vigoroso, no se deja abatir, y nos induce a una reflexión no siempre aceptable.

Sin embargo, ni mi familia ni mi oficio me entrenaron para tales sacrificios, para vivir en una jaula de cristal. Ni siquiera cuando sería mejor asimilar la rutina de la vida cotidiana en busca de un relativo rigor compatible con los caminos del sueño y la rebeldía. ¿Quizá reduciendo a una décima parte mi ansia de perfección, el ideal de ofrecer al prójimo lo que me sobra?

Los dilemas tienden a confundirnos. Hay que exigir una tregua. Que me dejen en paz, que no me martiricen con tanta formulación trascendental, casi siempre necia. Lo más destacado de este mes de mayo ha sido un jarrón de flores que alguien me envió con cierta expresión de aprecio, olvidando firmar la tarjeta. Sin la menor muestra de interés, sin afecto, como se hacía antes. A cierta edad ya hemos perdido la ilusión. El cuerpo nos avisa de los peligros, de que ha llegado la hora de retirarse. El amor físico se vuelve una fantasía, aunque abrumadora. En fin, como todo.

125. Resignación

La creencia de que Brasil no cuenta con un corpus literario estrictamente soberano está bastante extendida, lo cual propicia el silencio de la comunidad internacional que define los criterios geopolíticos y, por ende, tiene el control de premios, galardones y, por supuesto, orientaciones estéticas. Un arrogante epicentro que menosprecia por principio las características genuinas y originales de una literatura al servicio de sus propias ramificaciones creativas a tal punto que puede tranquilamente condenar al destierro a cualquiera situado al otro lado del río.

Sin embargo, lo justo es repartir la culpa. Reconocer que Brasilia y algunas regiones colindantes nunca han considerado la cultura una cuestión fundamental para reforzar la identidad nacional, como agente promotor de valores. Siempre han aislado el arte y el talento de su pueblo. Aunque en el pasado la élite brasileña no tenía vocación de exilio voluntario. Esto es, se desplazaba a los grandes centros civilizados para probar suerte. También cuando el exilio se debía a razones políticas, en cuanto terminaba la pena impuesta, esos brasileños regresaban al paraíso tropical sin plantearse que su carrera como escritores podía ser más fructífera si permanecían en París, Madrid o Lisboa, ciudades que podrían brindarles prestigio e influencia literaria.

Esta actitud sentimental de esos expatriados acarreó una serie de prejuicios, así como la ausencia de una red de apoyo, cuyos núcleos pudieran proporcionarnos alianzas sólidas. No construimos entre Brasil y Europa un puente simbólico que poder cruzar para dar a conocer nuestras obras y criterios creativos. No seguimos el ejemplo de los hispanoamericanos que, a partir del siglo XIX, si no antes, tejieron en el extranjero una extraordinaria red de convenios. Sin mencionar que ellos fueron, sobre todo, quienes se beneficiaron de la llamada España peregrina, surgida del dramático éxodo de la guerra civil, que llevó a brillantes intelectuales españoles a ocupar cargos en editoriales y universidades extranjeras, donde reforzaron la literatura en lengua española. Como resultado de esa política persistente, y en muchos casos ingrata y discriminatoria, los autores brasileños no fueron incluidos cuando llegó el admirable boom que se originó en Hispanoamérica. Yo misma, que en esa época, en concreto en el año 1973, vivía en Barcelona, ciudad a la que regresaba con asiduidad, seguí de cerca esa evolución.

El periodista Xavier Ayén aventuró que yo había formado parte del boom y, por lo tanto, había sido la única mujer, hipótesis que yo rechacé por integridad moral. Y, aunque tenía el privilegio de disfrutar del saber y la amistad de esos grandes escritores, a mi entender, mi condición de escritora en lengua portuguesa no me daba derecho a reivindicar aquello que no se me debía. Abundaré en estas consideraciones reconociendo que el uso sistemático de la designación «literatura latinoamericana», que viene a ser una marca de valor estético y mercadológico, nos ha perjudicado mucho por no incluir la literatura brasileña, por dejarnos de lado como si fuéramos parte del Sudeste Asiático. En una ocasión, durante una conferencia en torno a la literatura latinoamericana en la Universidad de Columbia, en Nueva York, el reputado crítico, y amigo, Emir Rodríguez Monegal no mencionó a un solo autor brasileño. Yo le llamé la atención y él, que admiraba especialmente a Machado de Assis y a João Guimarães Rosa, se disculpó, avergonzado.

Siempre he luchado por el reconocimiento de la literatura brasileña, de su grandeza universal. Quiero poner de relieve la deuda que el poder literario en general tiene con nuestra obra escrita. Por eso me pareció conmovedor y merecido que el Premio Príncipe de Asturias de 2005 se concediera, por el conjunto de una obra, a una escritora brasileña que, además, era mujer.

126. Bastarda

No me acostumbro a escribir como un cronista. Adopto el papel de una novelista que tiene por delante al menos trescientas páginas que llenar con historias llenas de conflictos y pasiones. Que me dan satisfacción cuando no temo excederme, y acepto sus desafíos. En parte porque las historias parecen tener autonomía, se desenlazan sin consultarme. Mi esencia cultural es acumulativa, atesora emociones, conocimientos, recuerdos mínimos. No me desprendo de aquello que pasa a través de mí. Es más, cuando creo haberlo olvidado, todo aflora de repente. Así, dispongo de un arsenal de hechos e historias. Un cargamento procedente de la imaginación, de Brasil o de Extremo Oriente, de cualquier rincón de la tierra. Pero sigo siendo la escritora que navega por las aguas turbulentas de la lengua portuguesa. Como un aedo, he asumido el deber de reformular cuanto he oído, reflexionando sobre los siglos que traerán sus propias creaciones y patologías. Él necesita sucesores, registros que finjan haber existido. Como yo. Que soy crédula y apuesto por el futuro del arte. En su núcleo atestado de ratas y personas.

Soy una peregrina que recorre el mundo con pan y monedas en la alforja. Me gusta un bocado que poder disfrutar sentada bajo un árbol. No tanto para llenar el estómago como para fecundar la imaginación. Pienso constantemente en lo que hago con las palabras y en lo que ellas hacen conmigo. Son ávidas, me atosigan a todas horas, me piden que escriba lo que me dictan. Quieren soltar lastre, dejar rastro, una huella. Por suerte son orgullosas, nunca serviles. Me cuentan que han viajado al pasado, me explican cómo fueron formadas en los labios de un suevo, de un celta, de un visigodo, pueblos que vivieron en constante expansión a pesar del hambre, las plagas, de la sangre derramada, a pesar de Roma.

Escribo con la bendición del mestizaje, soy hija de todos los pueblos. No sé a qué paternidad y maternidad me debo. Ni siquiera pienso en Carmen ni en Lino, pues la bastardía ennoblece al ser humano.

Esa familia a la que sé identificar no solo por el cariño, sino por las características que de ella heredé, recorrió lugares remotos siglos atrás, antes de llegar a Galicia. Tal es el destino humano, agotarse en sus andanzas, sin techo y sin agua, hasta un día decidir establecerse en una caverna donde encender fuego y asar la carne del animal cazado.

Ese es mi origen. Y transmitiré cuanto sepa de él para demostrar que la arrogancia étnica merece ser castigada. La vanidad que selecciona y expulsa a los demás debe ser purgada.

127. Me gusta mi sangre

Me gusta mi sangre. Ella me roció con una sensibilidad que confiere vigor y ternura a mi ser. Me gusta el cuerpo que tengo, conformado por partes de cada rama. No sé a quién debo mis brazos. Las manos, desde luego, a mi padre, Lino. Pero con los años, a medida que envejezco, cuando me miro en el espejo descubro cierto parecido a Carmen, mi madre, la mujer que forjó mi carácter. Creo que heredé de mi padre la voluptuosidad por la vida, y que fui castigada con su muerte prematura. Murió a los cincuenta y cinco años. Solía ayudar al médico a hacerle friegas en el pecho cuando estaba postrado en su cama, pero de nada sirvieron. Pese a proveerlo de todo lo necesario, falleció, y yo recogí su último suspiro. Murió en mis brazos. Saqué a mi madre del dormitorio para acomodarla en el salón, pues acababa de perder a su marido. Lloró discretamente, con rara dignidad. Yo no lloré, pese a sentir dolor en el pecho y entender que estaba sola para el resto de mi vida. A partir de entonces, sería la señora del llanto contenido. No derramé una sola lágrima en dos años. A mi madre le extrañaba mi mutismo, la ausencia de palabras que expresaran mi dolor. Pero poco después, durante una estancia en el Sur, a la que mis tías Celina y Almeida y mis primas Maria Leonor y Maria da Glória me invitaron, le escribí por fin una carta en la que justificaba mi conducta falsamente heroica. Quería que mi madre me viera en el Gólgota de Jesucristo, donde sentía que estaba. Yo solo quería renunciar a algo por ella, a la vida que había tenido hasta entonces, para rescatarla de su viudez. Para mirar por los bienes familiares que nos quedaban. Nosotras, que sufríamos a diario la deslealtad de tantos. Los golpes contra la viuda y su única hija.

Qué más decir, salvo que mi familia jamás estuvo ausente, que tuve un padre y una madre que me quisieron con insólita pasión. Tras perder a mi padre, pude darle a Carmen todo el amor que existía en la tierra. De ella heredé esa ternura y su propia promesa: haré los sacrificios que hagan falta para que seas feliz, hija mía.

Me ayudó a ser la escritora que necesitaba ser para no morir. Y así fue. Carmen, Lino, Daniel y Amada, estos últimos, mis abuelos, formaban una familia que ningún rey haya tenido. Solo la he tenido yo, la escritora que ahora se dirige a ustedes. O, más bien, que ahora les escribe bajo los auspicios de lo maligno y lo divino.

Su sangre aún hoy rezuma de mí. Así como él viajó hasta América, yo tomé el camino inverso, y llegué de niña a la aldea de la que él salió. En mi afán por imitarlo.

No me olvidaba de Brasil cuando llevaba a las vacas de mi abuela Isolina al Pé da Múa, una montaña de Cotobade que se me antojaba el Himalaya. En las aldeas vecinas viví el apogeo de mis hallazgos. Cuando tropezaba con las piedras de la verdad o de la mentira, recurría a mi abuelo, que estaba a unos cuantos kilómetros de mí. No sé si tenía intención de corregirme o no. O si prefería haber tenido una nieta libertaria, absorta en el abismo de las dudas.

En esas regiones gallegas, iba ingiriendo las gotas de un elixir que me estaba transformando en una escritora que apenas si sabía escribir.

Me costaba madurar. Igual que hoy me cuesta envejecer y, sobre todo, morir. Pero ¿cómo aceptar la esencia de la vida, Dios mío? Para ser quien soy ahora, para aguardar las lecciones de la infancia ahora que estoy tan cerca del final. Con todo, sigo respetando los riesgos, los sueños y los fracasos de la vida.

128. Mi techo

En lo que a mí respecta, Brasil es mi morada. Mi techo acogedor, mi sopa humeante. Lar de mi carne y de mi espíritu. Es el refugio transitorio de mis muertos. Es la caja mágica y enigmática donde habitan y se consumen los días esenciales de mi vida.

Brasil es la tierra donde nacieron las bananas de mi infancia y las palabras de mi siempre precario vocabulario. En él me sumergí y conocí emociones que no tenían nombre, cuyas pieles de oro, bronce y plata, de poros espurios, nunca fueron bautizadas. No llevaban al cuello el yugo del destierro y el oprobio.

Brasil es el paraíso esencial de mi memoria en cualquier circunstancia. Todo cuanto la vida plantó en ella acabó brotando en abundancia. Superó cuanto yo sabía, cuanto habría merecido saber. Pues cualquier memoria brasileña es la memoria del mundo. Dondequiera que esté, el mundo estará protegido. Siendo brasileña soy griega, romana, egipcia y hebrea. Soy todas las civilizaciones que inexplicablemente llegaron a este reducto brasileño.

Es esa misma tierra donde se sembró y brotó la traición, la sordidez, la banalidad y la expoliación. Y que, sin embargo, también acoge la alegría, la esperanza, la ingenuidad, atributos que alimenta el frijol negro bien condimentado, el arroz suelto, el pastel de maíz, el *mocotó*,* y demás manjares celestiales elaborados con yema de huevo.

De ese Brasil imperial han surgido sagas inagotables, astutos narradores, alegres mentirosos. Seres anónimos,

---

* Plato brasileño de frijoles negros con patas de ternera. *(N. de la t.).*

héroes de sí mismos, poetas de sus propios sueños y señores de máscaras carnavalescas y mortuorias. Criaturas que, alineadas a las bajezas e inquietudes de su época, se acomodan a las mil maravillas a la sombra del árbol del mango solo por el placer de rasguear las siete cuerdas de una guitarra o del corazón.

En este litoral, cuna de los barqueros, donde los balandros de la imaginación surcaban las aguas de mares bravíos en busca de peces y sirenas y de la protección de Iemanjá, allí se instauraron culturas forjadas con sudor y ruinas. Todos y cada uno de ellos depositaron en nuestro pecho banderas, costumbres, estribillos y locos desvaríos.

Ese Brasil que critico, reprendo, repudio y amo, y que nos brindó a Machado de Assis, cuyo determinismo no supo prever su propia grandeza. Pero ¿cómo, con su pesimismo y fiereza, aceptar una existencia contraria a las reglas, las predicciones, las fatalidades? ¿Cómo abrazar Brasil, ser su rostro, sin naufragar con él?

De Brasil, sin embargo, también nace y perece la palabra que lo define y lo extingue. Y que le concede un nuevo amanecer todos los días.

Pero ¿cómo asumir esa esencia brasileña diluida? Dime, Dios, ¿quién es el Brasil que construimos con palabras y notas musicales? ¿Con samba en los pies?

129. Ser moderna

Ser moderna estorba mi imaginación. Es materia espuria, pasajera, que confunde la sensibilidad de los terrestres que apenas saben dónde se encuentran, o qué van a heredar. O a qué aplauden. Una modernidad que exalta por la mañana aquello que olvidará por la noche. Y lo hace en nombre de cierta grandeza del pasado, conservada en museos y bibliotecas. Y que poco a poco se olvida. Esa grandeza que el pueblo enaltece es frívola, caduca, y me avergüenza. ¿Quién me mandaría a mí interesarme por los griegos, los teólogos que trataban la exégesis de Dios, por los arquitectos de las catedrales, los renacentistas, por aquellos que forjaron las lenguas con sus epopeyas agónicas?

Es duro convivir con la creación de mi época. La observo y siento lástima. Como los demás, me siento obligada a consagrarme cuando mi corazón rechaza la banalidad, la ausencia de genialidad. Y es que resulta difícil conceder valor a cosas creadas a partir de pinceladas proyectadas desde latas de pintura. Así crea la modernidad sus cólicos artísticos. Solo me queda proceder con cautela, no exponerme ante la multitud que endiosa a los nuevos becerros de oro, mientras espera a que Moisés descienda del monte Sinaí con las tablas de la ley. Y me vuelvo servil y triste. Y permito que me golpeen el alma.

Y a modo de confesión me digo que ya soy vieja para asomarme al abismo de la contemporaneidad. Que fui educada por los milenios que escrutan el mundo y que hoy aún me guían. Intuyo los sentimientos de otras épocas, como cuando Sócrates ingirió la cicuta e hizo alarde de la misma inteligencia que desafió a Atenas. Venero aquellos siglos al igual que defiendo mi entorno simbólico con el pan de la compasión que tanto escasea.

130. Soy brutal

Soy brutal y refinada en mi escritura. No rechazo lo humano. Convivo con extremos aunque no los quiera en lo profundo del alma. Sé que lo sublime y lo escatológico se entrelazan, van de la mano. Con todo, la estética educa el gusto, dirige mi atención hacia el equilibrio que exige la narración. Esa ciencia que, al poner de relieve el pecado en el desarrollo de la trama, expone la naturaleza a las leyes del cielo y del infierno.

La contrapartida del pecado cometido en público es el arrepentimiento, el reconocimiento de la culpa sumaria. Conviene que el personaje condenado por algún crimen reconozca el sentido del mal. Pero, si sucumbe a la belleza de la perversidad incrustada en la carne y no se libera del peso del castigo, ni el propio autor podrá redimirlo de su destino.

En cuanto al acto de crear, no temo derramar la sangre de mis personajes, ni eliminarlos de la escena si el relato lo exige. En cambio, ¿por qué no otorgar un lecho de pétalos al epílogo narrativo?

131. La mujer y su psique

En la época de las cavernas, la mujer ya era mujer. Igual que lo es hoy en el teatro. Su psique arrastra milenios de dolorosos recuerdos. Ha sido subyugada, esclavizada, despojada de su ser. Sometida a la fuerza bruta de aquellos que se repartían el poder.

A lo largo de la historia, renunció a la prioridad de expresar su pensamiento, de hacer aflorar cuanto existe en la profundidad del alma, su refugio. Una sustancia que yace entre tanto detrito histórico, a la espera de la exégesis necesaria. En ese abismo femenino existe la historia del mundo que todavía desconocemos. Sin esa valiosa porción no sabremos descifrar nuestro origen, quiénes hemos sido en las vicisitudes de la historia. Pues ¿quién tiene las claves del conocimiento, sino esa mujer marginada y estoica? ¿Qué añadir a la escena pública que nos permita conocer su psique? ¿Qué retrato esbozar de ella en cada conquista, en cada derrota? Dios mío, ¿quién es esta criatura a la que no conozco?

¿Es un individuo, un animal abatido o un mero trozo de carne?

132. Mi vida actual

Mi vida actual se asemeja a mi vida pasada. Aunque sé que no es del todo así. Sufro convulsiones internas que se intensifican con el paso de los días. Y que van hilando en mí otro cuerpo, un ser que en ocasiones se me antoja extraño. Sin embargo, para los demás tengo el mismo rostro sobre el que, poco a poco, he ido depositando arrugas y experiencias.

Lo más contundente y valioso de mi legado es la lengua portuguesa, que gracias a mi oficio llevo a todos los rincones del planeta. Soy alguien que, como confía en su propia fanfarronería, tiene fe en su precisión verbal cuando repite la misma frase las veces que considera necesario. Poco le importan los reparos que puedan hacerle, siempre y cuando obtenga el resultado estético buscado a través de complejos meandros.

Como escritora, me atengo a unos preceptos que me convendría abandonar a pesar de su misterio. Cuántas veces callo, incluso bajo la tensión del pensamiento. Entonces me siento *sub iudice*, con el lenguaje estancado y la creación restringida, a pesar de amar la oratoria que exige la elocuencia, los excesos vertiginosos de lo barroco contenido en el corazón brasileño.

Nunca he estado en la isla de los Amores que tantos han ensalzado en sus poemas. Tal vez porque forma parte de una humanidad que se gangrenó. Únicamente puedo velar por algunos fragmentos de mi narrativa, que no es sino una construcción mental al servicio del conocimiento humano. Pedazos mínimos de un repertorio que se formó a partir de los momentos que configuraron nuestra génesis.

Tengo la vocación de arrojar luz sobre la historia a partir de un simple garabato hallado en un maltrecho papiro sumido en la oscuridad de los milenios, de las cavernas que habitamos en otras épocas.

Pese a la ausencia de registros cronológicos, los papiros, fueran lo que fuesen, consagraron el arte. Inspiraron un juicio de valor que no admitía expurgación bajo ningún pretexto. Ese arte provenía de una labor colectiva, del clamor de aquellos que rebosaban irracionalidad.

Así pues, exploro los designios de la creación. Sus venas poéticas, que reflejan mi condición, mis trazos originales. Me adscribo a un orden moral que pretende inhibir excesos como la voracidad, el mal absoluto y una estética que desdeña las virtudes que ensalzan la piedad, el sentido de justicia. De este modo, los extremos del arte y la conducta representan una severa advertencia para aquellos que crean.

Una posible filosofía de la estética nos ofrece la fuerza de lo real. Interpreta el estatuto del pensamiento, los acordes musicales, el alimento, el verbo, los nombres del bautismo. Un extraordinario acervo sin el cual no sabríamos quiénes somos.

133. Siempre Vila Isabel

Desde muy temprano, en torno a una mesa de comida humeante, aprendí a interpretar la psique del inmigrante, sobre todo la gallega. Identificaba en su comportamiento los efectos dramáticos de la travesía atlántica. Lo mucho que les pesaba en el alma estar lejos de su patria, sentimiento que se traducía en un vacío interior que no sabían expresar.

Me daba cuenta del miedo que tenían mis abuelos y mis padres de borrar el pasado, de olvidar la vida en la aldea. Veía que, a la sombra de cierta melancolía, quizá cargaban con el peso de una mortaja antes de tiempo.

Mi infancia, que trascurrió entre gallegos y brasileños, fue pródiga en ternura y enseñanzas. En Vila Isabel, donde viví junto con mi abuela Amada, reparaba en sus discretos suspiros, como si se hubiera resignado a no regresar nunca a su tierra. Yo sospechaba que la condición de inmigrante que tuvo que asumir al llegar a Brasil no había sido nada fácil. Y es que aquí había señores que imponían una observancia incondicional de unas prácticas sociales que ellos dictaban, a ella y a los brasileños fuera de sus círculos.

Mientras escribía un libro al que llamé mi Suma teológica, distribuía los pasajes de la vida cotidiana entre brasileños nativos e inmigrantes, dos grupos que anhelaban el favor de la fortuna, y procuraba poner énfasis en las transiciones históricas y seculares, elementos imprescindibles para los hechos que describía.

Cuando abordaba las circunstancias de estas facciones sociales, las de casa y aquellas a las que me enfrentaba en la calle, sufría por los reveses que todos ellos habían sufrido.

Fui sensible al dolor ajeno a muy temprana edad. Sobre todo al que afecta a los inmigrantes, en cuyo seno yo había nacido. Veía en ellos un sufrimiento latente que no se permitían expresar. Observaba el regocijo con que celebraban la abundancia en la mesa, pues cada fuente de comida era un símbolo de éxito.

Cuando trabajaba, recurría a los recuerdos para apuntalar mi escritura. En Eulália veía rasgos de mi abuela Amada, como si revelara que su corazón había sangrado hasta el día de su muerte. También solía invocar a mis abuelos y a mi padre, una vez difuntos, a mis antepasados enterrados siglos atrás en los atrios de iglesias gallegas, de tal forma que me cedieran emociones, miradas, entrañas e historias. Su carne y sus confidencias. Retazos de sus vidas conservados en arcas, en secreto de confesión. Y les pedía que, si podían, me hablaran de las humillaciones que sufrieron desde el momento en que el barco zarpó de Vigo cierta mañana brumosa. La nave infernal que los desembarcó en la plaza Mauá, futura fuente de imaginación, sobrecogidos, sin duda, por toda clase de emociones y miedos.

134. La ficción y la no ficción

Las novelas de un mismo autor no se confunden ni se mezclan. Cada cual tiene privilegios y designios propios que van de la mano de sus procedimientos estéticos. Cuando me adentro en el universo de la invención, con sus acciones liberadoras, desprovistas de imposiciones documentales, me desvío de una conclusión previamente establecida. Merece la pena hacerlo. La imaginación determinará la altura del vuelo.

La no ficción sigue unas reglas y unos propósitos que impone el propio género, cuyos personajes no pueden reclamar un destino contrario a su origen histórico. Los avala la historia, su vida está documentada. La historia no tiene de su parte a la invención. Ficción y no ficción son géneros opuestos, la propia finalidad de cada uno los distancia. Con todo, el arte intrínseco de cada uno establece sus propias consideraciones, de modo que es falso suponer que es plausible combinarlas, aun cuando entre ellas no existan similitudes.

135. Políticamente correcto

Lo políticamente correcto es un asunto que nos persigue hoy en día. Utilizado en un tono impositivo, se aplica cada vez más y pretende rectificar el turbulento rumbo del mundo. Aunque la conciencia correctiva que entraña pretenda mejorar la vida de grupos socialmente agraviados, en muchos casos peca de una falta de tolerancia, de sentido común, de conciliación y de espíritu histórico.

Esto sucede cuando el uso de esa corrección política interfiere de forma negativa en áreas dominadas por el misterio, la pasión, el deseo. Y, por consiguiente, perjudica a culturas instauradas desde hace milenios en la vida de algunas comunidades. No hay duda de que ciertas costumbres merecen una rectificación, una mejora democrática, pero no una extracción sumaria, violenta, que nos haga vivir amedrentados en el mundo, con miedo a expresar sentimientos y emociones que el pueblo ha sabido adaptar a sus tradiciones.

En Estados Unidos, el caso de un niño de seis años acusado de acoso sexual pone de relieve lo absurdo de lo políticamente correcto cuando se interpreta erróneamente. Pero este hecho, que tanto amenaza las relaciones interpersonales, nos obliga a considerar que solo fuimos capaces de practicar semejantes ignominias porque en el pasado vivimos una época, vigente hasta el momento, en que la violación de las mujeres era un arma de guerra, humillación y persuasión. La mujer no cuenta con la solidaridad pública y, por si fuera poco, sobre ella recae la sospecha de haber utilizado su infinita capacidad de seducir al hombre, por la que merece ser castigada. Mientras que él, a su vez, se libra de ser acusado de un crimen atroz.

En el caso de este niño, víctima de la tiranía, observamos el flaco favor que hace su profesora, la responsable del castigo, a las causas humanitarias. Porque, bajo el pretexto de hacer frente a una violación, castiga a un inocente. Y de este modo impide que la sociedad pueda hacer una reflexión sobre un acto nefasto que sucede a diario. Así, observamos que cuando lo políticamente correcto se excede y actúa de forma represiva, intimidando a los ciudadanos, niega, por ende, las razones fundamentales y morales de una opción política que pretendía eliminar, o reducir, prácticas sociales crueles e injustas.

Esas preguntas relativas a lo políticamente correcto están en el aire. Son provocadoras y no siempre disponemos de la mejor respuesta para tratar planteamientos demasiado complejos. Si por una parte, con el propósito de mejorar la conciencia colectiva, acabamos adoptando normas intimidatorias, corremos el riesgo de entrar en un periodo obscurantista. Pero si dejamos de ampliar el debate público en torno a los dilemas del estado moral del ser humano, si interrumpimos la batalla por la conquista de los derechos humanos por miedo a los excesos que puedan cometerse, la parálisis que se derivaría de este retroceso representaría un grave colapso en la historia de la humanidad.

136. Creación libertaria

Me anima pensar que el arte (siempre el arte), de origen bastardo, sublime y pérfido, concentra conocimientos preñados de misterios. Sin embargo, su rebeldía no admite tutelas ni atestados ideológicos de nadie, y menos de la Iglesia y del Estado. Su soberanía rechaza árbitros tiranos, purgas y censuras rencorosas. Exige que sea únicamente el creador quien ilumine las tramas poéticas, que establezca los paradigmas y designios para narrar. Un acto del cual deriva una sustancia humanista que refleja su inventiva transgresora, sin descuidar el impulso de la palabra que conlleva la noción de una ética sutil que inhibe la voracidad humana.

Por lo tanto, es necesario conjugar ética y estética, que aborden la defensa de los intereses de una sociedad expuesta al pecado. Cuando ambas, que son polos opuestos, reflejan una realidad cuya arrogancia insiste en interpretar los códigos vigentes. Ese conjunto que pone límites a bárbaros y civilizados.

137. La lengua del papiro

Me planteo una serie de cuestiones sobre el papiro para que me diga quiénes somos. De qué tribu aprendimos a poner alimentos sobre la mesa en torno a la cual firmamos armisticios de guerra y paz. Pertenecemos a un grupo que supo salvar escollos para sobrevivir y tejer maravillas con sus guirnaldas. Por más que indague, no sé qué responder. Solo sé dónde nací, y que me libré de vestir cilicios para purificar un cuerpo que todavía no había pecado.

Aun así, quiero saber a partir de qué elementos se construyen los individuos y las naciones. Si es posible confiar en el caos de la memoria, que apenas si distingue la verdad. Por eso, sospecho que no podemos confiar en la naturaleza humana, porque aquel que se sienta a mi lado en un banco del parque a contemplar las rosas aduciendo ser un poeta lírico es en realidad un depredador. Podría ser alguien que, en un lapsus de bondad, fuera capaz de redimir a la especie humana. Pero que, en verdad, ansía devorar un pedazo de mi carne como quien codicia un trofeo.

¿Acaso no fue así como erigieron las pirámides, diseñadas para ensalzar la inmortalidad, con los cuerpos de los esclavos? ¿Metáforas que, poéticamente, abundan en el teatro humano?

¿Y qué más me pregunto que no sepa responder? ¿Merece la pena prestar atención al murmullo de recuerdos que oigo por las noches?

138. El personaje

Los personajes buscan exponer sentimientos y obtener provecho de su exhibición. Lo que no revelan está oculto en algún rincón de la narración. Aunque actúen sin justificar una acción. No existe un arte inmutable, pues siempre es transformador. Siempre tiene algo que decir.

Los personajes intuyen en qué parte del recorrido se encuentran. Confían en que el autor lo diga o lo insinúe. Al no ser figuras históricas, no tienen la obligación de cumplir el destino que las personas de la vida real vivieron. Son ficción, adolecen de un ritmo innovador, deben aceptar que el autor desvíe sus vidas hacia el cielo o el infierno.

No están sujetos a interferencias vinculantes. Pedro II no puede evitar ser el emperador de Brasil en una novela. No se le puede despojar del título que la historia le concedió. Pero, si solo fuera un personaje, podría obtener el título o perderlo en función de la evolución de la trama.

139. Para amar la lengua

Para rendir homenaje a la lírica camoniana, no hace falta leer *Los lusiadas* todas las Semanas Santas como una forma de penitencia, o como quien visita al Cristo crucificado en el monte del Calvario.

Camões habita mi conciencia lingüística incluso cuando me distraigo. Y es así porque la lengua lusa es el instrumento de pensar el mundo, con ella se maldice, se anuncia la oscuridad y la luz, se esgrimen los artificios incontrolables de la barbarie para poetizar el acervo humano. A partir de Camões, que unifica cielo e infierno, se inventa lo que sea. Los miembros de la gran tribu que agoniza mientras dilapida la lengua madre de todos. La lengua común de los que sangran en aras de la densidad poética del vate. De los que, eternamente integrados en *Los lusiadas*, se aferran a las metáforas terrestres.

Y pregunto, angustiada: ¿qué expresó Camões en verso que dio origen a la lengua portuguesa? La patria del alma.

140. Donde el arte se esconde

En el fragor de la batalla literaria, transitaba por la memoria cautiva, forzaba los resquicios verbales para abrirlos, extraía de cada frase partículas mínimas que anunciaban el nacimiento del mundo y el milagro de la improvisación creativa.

Acudía una y otra vez a los recuerdos familiares para rescatar el acervo de leyendas en torno a la cocina, al patio, a la sala del piano y a la mesa de billar. De este modo, ampliaba la visión de mis antepasados, de los vivos, de épocas remotas, de un repertorio que jamás se ha eclipsado. De fecundos recuerdos alojados en mi ser narrador.

Yo, desde luego, he practicado una suerte de arqueología casera, pues era fundamental hacerlo. Para atender mejor las obligaciones de mi oficio, desenterraba fósiles, retiraba el polvo de milenios, siempre agradecida de que alimentaran mi perplejidad.

Ni siquiera entonces, hija del fuego y de las cavernas, descuidé en ningún momento las precarias modernidades de mi época, de cuyos hechos me sirvo, pues a mi entender resultan del propio apetito del arte. Así, como brasileña de mi época, escruto las emociones que mis personajes destilan. Y uso sus estertores, sin duda revolucionarios, para traducir la humanidad.

A medida que componía cada línea de la novela, mi audacia crecía. Me convertía en Madruga, en Eulália, en Odete o en Venâncio. Era quien precisaba ser. Daba pasos inciertos pero fundamentales. Me interesaba dar aliento a nuevas interpretaciones, hacer de las vivencias y las revelaciones un salvoconducto. Con este, a medida que avanzaba en la narración, redimensionaba qué era para Breta, la nieta de Madruga, su razón de ser. Materia, la de ella y la de los demás, en vivo contraste con una Galicia ligada a sus leyendas arcaicas. Las dos perspectivas en sí transgresoras.

Me resguardaba a la sombra de la palabra, que jamás empañó mi libertad literaria. Su universo multiplicador confirmaba que la creación debía ser por fuerza irreverente, debía pecar siguiendo el impulso de sus desatinos. Abría la puerta que llevaba al infierno o al firmamento de un abismo tentador.

Cuánta miseria y desgracias poblaban la genealogía de Esperança, Xan e hijos. Un desfile de personajes cuyas voces corales y variados puntos de vista me proporcionaban una pauta compatible con escenarios creativos.

Eulália, ante la inminencia de su muerte, que da comienzo al libro, me conmovía. Parecía sufrir calladamente. Lejos de Galicia, se despedía de un Brasil incapaz de cristalizarse. Dama refinada y esposa de Madruga, servía a su propia memoria y a la de su padre que, gracias a su humilde hidalguía, guiaba a los miembros de su casta. Muy pronto se convenció de que los hombres no saben narrar, se mostraban incapaces de lidiar con las historias secretas de la esencia humana. Pues según sus creencias, la religiosa entre otras, es una misión que corresponde a Dios, el gran narrador de la civilización. Pese a apenas saber nada del mundo, Esperança se encargaba de conservar en cajas individuales, una para cada hijo, sencillos recuerdos que a su entender eran significativos para su progenie. De esta manera daba voz a los sentimientos de la familia y a la memoria de su lejano país.

No le importaba la verdad de las cosas y los hechos. Se atenía únicamente a lo creíble, a lo palpable, a lo veraz. Su lugar en la tierra estaba en descansar sobre el banco de alguna capilla que, en su imaginación, existía en el reino de Dios. Acaso debía recoger cuanto veía abandonado en el suelo y, con esos retazos, tejer los entresijos de su fe. Nunca dudó de la ciencia de Dios ni cedió a la tentación de cruzarse en su camino con algún melodioso poeta provenzal.

Para Eulália, los relatos eran un recorrido por la geografía del alma. Como si comprendiera que los personajes, una vez sometidos al yugo de la ambigüedad, de la tiranía estética, al vivir en medio de las dificultades, no obedecían a líneas rectas.

Ante tantas perturbadoras convicciones, yo exploraba hasta el agotamiento los filones de oro de la novela, pepitas y piedras esquivas. Me resistía a sepultar aquello que había existido en la superficie. Todo aquello que el ser humano había creado pasaba a formar parte automáticamente de la lista de haberes de la civilización. Debía sobrevivir.

Y así abracé la antigüedad poética de las criaturas, de los objetos, de las acciones y, sobre todo, de las vibraciones latentes de la realidad. Quizá por intuir que detrás de semejante visión perduraba una elocuencia verbal que impregnaba los intersticios de la creación, que dejaba traslucir una verdad narrativa. Si bien resaltaba, a lo largo de *La república de los sueños*, el grado de representación de aquellos cuerpos hacinados en la palestra.

Sin embargo, por el bien de la historia debía velar por el destino de los personajes. Devolverlos a sus chozas y castillos donde, una vez alojados, serían meros rufianes o sátiros goliardos. Sin olvidar que la novela en su conjunto resumía, en cierto modo, lo que yo era. Debía definir mi labor de novelista a partir de unas líneas maestras. Demostrar que era feudataria de una memoria que reflejaba las profundidades del mundo.

Respiraba a través del libro. Yo le entregué mi corazón, y él me entregó el suyo. Dejé de ser Nélida y me transformé en Madruga, Xan, Breta, Eulália y demás personajes. Les concedía cuanto me exigían. Les ofrecía la plenitud de la imaginación, las discusiones, los encantos, el sentimiento de perpetuidad. El paroxismo, en fin, del incienso sagrado de lo poético que la perfección estética pedía. Y así hasta el epílogo.

141. Las tentaciones estéticas

La alianza con lo divino no es una mera vocación que se rebela contra la realidad que nos despoja. Pero impone al ser brasileño que adopte una poética de los prodigios, tan asociada a las religiones. A la confianza restauradora que esa entidad divina inspira en nuestro imaginario.

En cuanto a mí, sigo echando en falta la compasión ajena. El halo de santidad. Pero no sé gran cosa de los santos, y menos de los pecadores como yo, que nos dejamos engullir por el torbellino de tentaciones malignas.

Me salva, sin embargo, el huevo caliente que me tomo todas las mañanas. Ese huevo blanco como un alma pura que me insufla confianza en la vida, por breve que sea. Y así, en soledad con mi fe y mis demonios, me aferro a las instrucciones matutinas. Sigo adelante, liberada de las tentaciones estéticas que nada tienen que ver con mi cuerpo exhausto.

142. La influencia de Clarice

Me preguntan si identifico alguna influencia de Clarice Lispector en mis textos. No dudo en negarlo, únicamente afirmo mi profunda admiración por su obra, que conocí después de haber escrito mi primer libro, *Guía-mapa de Gabriel Arcanjo*, en 1961. Por otra parte, quien llamó mi atención sobre la obra de Clarice Lispector fue Rachel de Queiroz, mi primera lectora. Y, cuando la leí más adelante, reconocí la deslumbrante singularidad de sus cuentos. No obstante, aunque mi creación está impregnada, como la suya, de la soberanía del lenguaje en lo que al universo narrativo se refiere, difiere del intimismo ficcional de Clarice. Mis composiciones se desarrollan en escenarios con trasfondo histórico y están impregnadas de evocaciones seculares.

Cierto que, como lectora de Tucídides, Heródoto y de los viajeros de la Edad Media, aprendí a poblar mis escenas con personajes ubicados en su época, si bien con síntomas heredados de un cúmulo de civilizaciones. Un universo que, gracias a los estratos visibles y los ocultos, da pie a una narrativa de insinuaciones arqueológicas. A partir de la convicción de que la Historia tiene consecuencias sobre el destino del individuo, mis personajes, afectados por una ancestralidad subrepticia, adoptan con naturalidad las huellas de lo real y de lo poético.

Sin embargo, así como san Pablo reconocía que todo se lo debía a los griegos, a los romanos, a los antiguos y a los clásicos, yo también admito que debo todo al saber del mundo. Estoy hecha de lecturas que, con las flechas que me clavaron en el corazón, alteraron el sentido de las cosas y me hicieron la protagonista de cuanto he vivido. Y es así como Clarice Lispector, con su grandeza, forma parte de mi más preciado panteón.

143. La vanidad

La vanidad perjudica a quien escribe. Cose el corazón y la lengua, que dejan de existir. Oxida el alma que había acertado a crear, y ensombrece la visión crítica. Y, en su propia glorificación, el autor deviene un Zeus que observa el mundo desde el monte Olimpo. Pobre de aquel que cree ser dueño del arte.

Es fácil dejarse llevar por las corrientes de las bravuconerías que asfixian el ego. Alzarse sobre el pedestal de mármol de la gloria mientras se cosechan aplausos. Tender a ignorar lo que hay más allá de esta, todo lo que se proyecta más allá del perímetro de su lecho, donde muere un poco cada día.

No sé qué pensar de aquel que cree poseer las claves del misterio de la creación. ¿Es ese que se mira al espejo preguntándose si habrá alguien mejor que él? ¿Que compite en teología con Cristo o con Pablo de Tarso? ¿Y que es objeto del amor que siente por sí mismo? ¿Alguien convencido de que marcha sobre el camino de su propio triunfo? Sin frenos, el tren que transporta sus sueños jamás descarrila.

Frecuento el medio literario desde 1961. He sido objeto de halagos y azotes. He aceptado los disgustos del oficio como parte de mi aprendizaje. Pero solo dejaba entrar los pétalos. El dolor que viene de fuera nunca ha demolido el humanismo que me edificó desde la infancia. Todo cuanto destilara veneno en nombre de la literatura lo rechazaba. Cuando mi generoso e inolvidable editor Gumercindo Rocha Dorea me convocó en su casa de Botafogo para ver el primer ejemplar de mi novela, *Guía-mapa de*

Gabriel Arcanjo, acudí enseguida, ansiosa, invadida por una intensa emoción. De camino, me detuve en la orilla de la laguna Rodrigo de Freitas. De pronto sentí el peso de mi destino, tomé conciencia de los peligros que me rondarían tan pronto se formalizara mi existencia como escritora. Se me castigaría por vivir como una novelista poco dada a los grupos, a complicidades perniciosas que guiaran mi rumbo estético. Llegué a la conclusión de que el oficio me traería alegría, el poderoso secreto de la palabra, pero también golpes de adversarios desleales. Y decidí que nunca habrían de verme indefensa, ofendida, resentida.

Sesenta años después, he confirmado que estaba en lo cierto en cuanto a tales injusticias, pero también en cuanto a la generosidad de muchos. Mi vida como escritora goza de un equilibrio que agradezco. Pero sigo pensando en la voracidad de tantos compañeros. Muchos carecen de la solidaridad necesaria para reconocer la grandeza de sus contemporáneos. Sigo rindiendo homenaje a aquellos que me tendieron la mano, que allanaron mis días con la esperanza.

Las caídas no solían durar mucho. El infierno seguía allí donde el ser humano lo había ubicado. Dante me había enseñado a configurarlo. Y la crueldad hacía el resto.

Esos peligros que imperaban siguen existiendo. Siento lástima por los que callan, que, pudiendo cultivar la elegancia moral, insisten en ser un adversario inútil. Descontentos con el ascenso literario de un compañero, mientras eclipsan sus propios méritos. Sin duda, una envidia colectiva que dificulta sobremanera la apreciación de una determinada época, y que priva, a quien sufre sus efectos, de ocupar un lugar justo en la historia brasileña. Observo cómo el provincianismo reparte arbitrariedades favoreciendo a quien forma parte de su esfera de intereses.

Asimismo, lamento la indiferencia con que los más jóvenes tratan a los autores más veteranos, aunque algunos sigan vivos, como si los sepultaran al margen del panteón patrio. Yo pertenezco a una generación que velaba por honrar a aquellos que abrieron con denuedo el camino en un país ingrato como Brasil, y nos dejaron pasar.

144. Pandemia

No pensaba resignarme y declararme vencida sin siquiera haber sido alcanzada por la epidemia. A partir del 12 de marzo de 2020, después de una sesión en la Academia Brasileña de las Letras, me retiré a casa para afrontar la cuarentena como si tal hecho formara parte de una vida que yo no había escogido, pero me había tocado vivir. Tomada esta decisión al amparo de dictados éticos y religiosos, la reclusión absoluta resultó ser una oportunidad para disfrutar de las claves secretas de una nueva realidad, por medio de la cual explorar la vida cotidiana en reclusión, así como mi alma, hasta ese momento libertaria.

A partir del decreto que me impuse, me propuse terminar la novela *Un día llegaré a Sagres*, que había empezado en 2018 en Lisboa, donde me instalé para escribirla mientras ahondaba en el estudio del periodo histórico portugués del siglo XV en adelante. Consciente de la necesidad de afinar mi sensibilidad narrativa en torno a los orígenes recónditos de una lengua que mis personajes del siglo XIX debieron de utilizar en sus soliloquios. Confiando en que las verdades literarias que yo defendía provendrían de los monumentos, del paisaje, de lo que contaba y guardaba en la memoria los huesos y la carne del pasado, de sus miserias y sus grandezas.

Y así fue. Concluido el esbozo original, regresé a Brasil y avancé sobre las siguientes versiones. Hasta que la llegada de la pandemia, con sus trágicos estigmas, me concedió un tiempo propicio para vivir o morir, que dediqué a crear, a adentrarme en el soberano arte de escribir. A ocupar largas jornadas con cada frase, esperando concluir aquella odisea narrativa pese al lacerante dolor de ver la realidad que se vivía fuera. Y es que ¿cómo desentenderme de la muerte, del sufrimiento colectivo, de la economía devastada, de la humanidad en llamas?

Me encerré en casa, sin bajar siquiera al patio del edificio, sin buscar alivio en el ascensor para crearme la ilusión de estar viajando entre planta y planta. Mi casa era la imaginación que el universo tenía a su disposición. Incluso los objetos a mi alrededor me decían por qué estaban allí, convocándome para que les otorgara un destino cuando yo partiera, pues no podían quedar huérfanos.

Esos momentos que ahora describo incluyen discretas alegrías que no han vuelto a enfriarse. Sobre todo cuando llegaban a casa las bolsas con legumbres, pan, quesos, embutidos, delicias que insuflaban aliento al espíritu y al cuerpo. Entonces preparaba pequeños lotes para un matrimonio querido, casi vecino, Cloyra y Marco, que a su vez me agasajaban con sus propios manjares. También enviaba víveres a mis amigos con la expectativa de sorprenderlos. ¿De qué modo proclamar mi amor por lo humano, sino ocupándome en la práctica de aquellos que carecían de lo básico?

Nada parecía decaer a mi alrededor. Como si de un acuerdo se tratara, día a día reflejaba mi fe en los principios de la civilización. No identifico entre mis sentimientos la menor estridencia, tal vez lágrimas secretas que, sin embargo, no me alteran. A fin de cuentas, hay mucho por lo que llorar ante la miseria que asola el mundo.

Los pequeños placeres, sin embargo, brotan de fuentes diversas, y sobre todo del pan en la mesa. Gracias a eso celebro la vida con cada amanecer. Estoy tranquila. Aunque me sobrecoja ante las convulsiones que sacuden ahora a la humanidad, que jamás descansa. Pero cuento con la presencia de Suzy y Pilara Piñon, mis queridas perritas. Con su alegría enriquecen la sensación de hogar, me brindan días y noches agradables. Y a esta convivencia añado la música, que me acompaña desde la infancia y de la que jamás me alejo.

No temo al futuro, a lo que ha de venir. Por ahora, tras entregar mi libro a la editorial Record, aguardo su publicación en octubre de 2020. Los editores Sônia Machado, Carlos Andreazza y yo afrontamos con tenacidad los tiempos amargos que vivimos, pero confiamos en la grandeza de la literatura brasileña. Unidos por la fe en el porvenir, libraremos una batalla paulina. La brisa de la esperanza nos alentará. Amén, queridos lectores.

145. Sucesores

Soy hija de un pueblo ávido. De una cuna donde se encontraron civilizados y bárbaros que otrora ostentaron la corona del desgobierno, de la salvaje codicia.

En esta América, donde Brasil es un continente en sí mismo, zozobran culturas originarias, autóctonas, con un largo recorrido civilizador. Que esparcieron una cultura propicia a interpretar quiénes somos. Culturas procedentes del pasado, siempre dispuestas a alcanzar el futuro, donde estamos, a las que impusimos nuestro derecho a interpretar la historia y la creación.

Sin embargo, para poder alcanzar el porvenir, que somos nosotros mismos, debemos cargar con el peso de la conquista, de la colonización, de los fracasos históricos, de las ruinas resultantes de los cambios realizados a costa de sangre y violencia. La necesidad de interpretar el sentido de la modernidad a partir de nuestra propia antropología cultural. Esa cultura de la que hace alarde el continente representa una manera particular de relacionarse con el mundo. De preguntar en qué circunstancias el pensamiento y la acción renunciaron a los límites morales impuestos por la sociedad, a cambio de ideas históricas establecidas.

Con motivo de los enfrentamientos habidos entre las culturas impuestas desde la colonia y las que procedían, sobre todo, de la realidad mestiza, dispuesta a rebelarse contra la imposición de una civilización occidental que aspiraba a ser universal.

Como sucesora de un pasado que conoció fracasos históricos y utopías frustradas, nuestra identidad se basa en un ideario cimentado sobre símbolos iconográficos que representan las etapas que se han vivido desde tiempos inmemoriales. Y cuyo sentido de la modernidad nos hace americanos, defiende una identidad que nos representa, que está arraigada en nuestra alma. Intuyendo tal vez que dicha modernidad consiste en llamar a las puertas de nuestro ser. Al corazón de este enigma.

146. Disfrutar en estado de gracia

Celebro ese estado de gracia que se alcanza con el ejercicio de la creación. Reivindico la gloria de la memoria y dispongo la mesa para mis invitados. Doy gracias a la familia que he tenido, la lengua que hablo, el país que tengo pese a tantas inequidades. Honro al Dios que invento a cada amanecer. Tales son mis alegres pasiones.

Las dudas impregnan el trabajo literario hasta que concluye. Pero se disuelven a medida que me esfuerzo con extrema radicalidad, y reduzco a cero mis vacilaciones. Un despiadado corte de navaja en la carne del texto. Y, sin embargo, de todo se derivan pequeñas alegrías, a partir de una frase que surge y alcanza el meollo de su esencia poética. De este modo consigo abordar el mito de la creación.

Siempre temo no alcanzar la fiebre que el lenguaje requiere para dar credibilidad a una novela. No haber respetado los secretos de los personajes que esbozo en mi afán por convertirlos en el arquetipo que deben encarnar. No conseguir multiplicar el efecto que las frases deben crear en el desarrollo de la narración. Y, cómo no, pasar por alto las estrategias de la técnica. Ah, cuántas cosas dependen de mi compasión estética para que mi libro pueda existir. Como recopilar todas las obligaciones que la humanidad ha proclamado a lo largo de los siglos. Para garantizar que la narración sea el certificado de nacimiento y de defunción de los vivos. Y que, aún hoy, lleva la firma de Shakespeare, de Cervantes, y del mismo Dios cuando concibió un paraíso habitado por los personajes de Adán y Eva.

147. La ilusión

El amor que dediqué a mi madre, que la inmortalizó en mi ser, me llevó a explorar los enigmas que existían. Y a comprender que la vida exige una ilusión presta a evaporarse, que siempre es reemplazada por otra en un constante juego de frustraciones.

25 de octubre de 2022

Este libro se terminó
de imprimir en
Móstoles, Madrid,
en el mes de
noviembre de 2024